El Fantasma Detrás De La Puerta

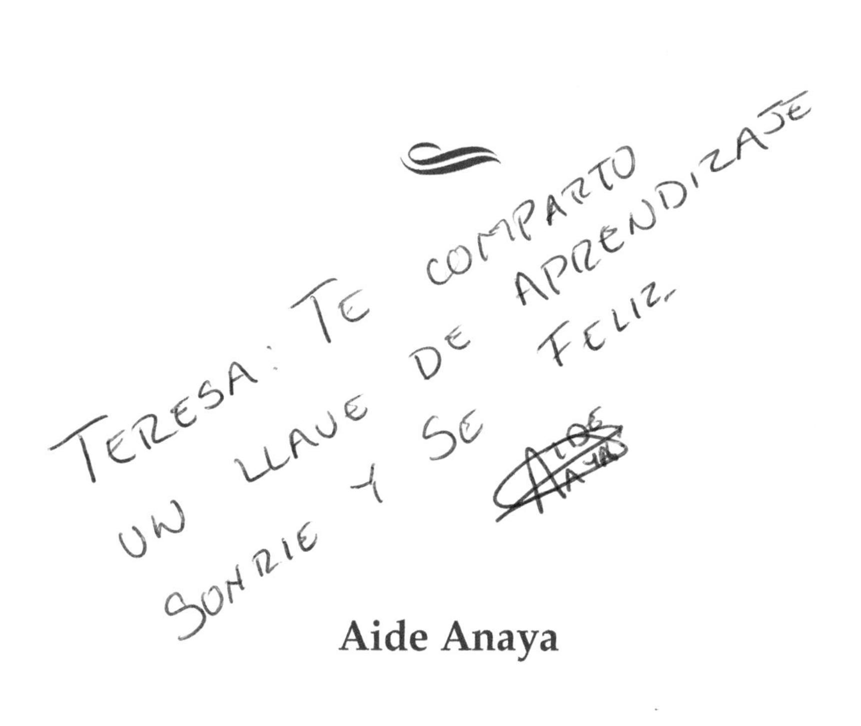

Aide Anaya

Título: El Fantasma Detrás De La Puerta

ISBN # 978-1734165586

Para cualquier solicitud, escribe a

Email: elfantasmadetrasdelapuerta@gmail.com

Facebook: Aide Anaya

Primera Edición
Impreso en USA

Agradecimientos

En primer lugar, a Dios, ya que gracias a Su acompañamiento estoy aquí,

compartiendo este mensaje

A mis hijas, Sulema y Brenda, quienes han transitado este camino a mi lado

A mi nieta, quien con su inocencia de niña se ha convertido en mi pequeña gran maestra

A mi madre, por sus enseñanzas… A mi padre, por su fortaleza

A mi querida Coach, Sayrol Lara, por acompañarme en mi proceso de transformación

A mi tribu: Águilas sin Fronteras, quienes me han sostenido

A mi casa, donde surgió lo irrazonable: The Breakpoint, Ingeniería del Éxito

A Nata Daza, por sostenerme y empujarme a tomar acción

A mis entrenadores: Jonathan Cuevas, Zoe Parra, Leandro Brunis, José Hurtado (Lino)

A Nancy Mora y Alan Faz… juntos creamos la mancuerna perfecta

A mis queridas comadres, Vivi Castillo y Sonia López

A mis hermosas hermanas Ruby, Irene y Anabel, por ser escuchas generosas

A cada uno de mis coachees del proceso MMK

A Alex Ruiz, por su talento en diseño gráfico

A Nancy Heredia, por ser una mentora extraordinaria

A Sury Vásquez, por estar a mi lado sosteniéndome

A 4'D, quien en un momento de mi vida fungió como mi mentor

Al proceso MMK, de Alejandra Llamas

A todos quienes forman parte de la historia de mi vida

A CADA UNO DE USTEDES,

GRACIAS POR TODO LO QUE HAN APORTADO A MI EVOLUCIÓN...

Dedicatoria

Esto que ahora sostienes en tus manos es mucho más que un libro: es un mensaje…

Para esos niños y niñas que viven sumidos en la soledad,

sin deseos de vivir, pues sin ellos pedirlo les han apagado la sonrisa, llevándolos a un mundo de terror, de miedos, de inseguridades,

paralizando sus vidas a tan corta edad

a causa de un hecho tan doloroso, traumático e inaceptable

como lo es la violación, el abuso sexual…

Para los hombres y mujeres que aún reflejan el dolor de su inocencia perdida,

y que en su vida adulta no logran vivir, sino apenas sobrevivir,

reviviendo su trauma una y otra vez,

sin comprender por qué no logran ser felices…

Para ti que vives el sexo desbocado buscando llenar ese vacío…

Para ti, que te quedaste atrapado en el alcoholismo o las drogas

al tratar de olvidar lo sucedido…

Para ti, que te avergüenzas y no sabes cómo enfrentar lo ocurrido…

Para ti, que vives violento y enojado con la vida, con la humanidad…

Quiero que sepas que por muy doloroso que haya sido el proceso

el sol siempre vuelve a salir!

Toma la acción de volver a vivir… Perdónate a ti y a los otros…

Ámate de nuevo…

Te prometo que un mundo de posibilidades aparecerá ante ti!

Comienza tu nuevo amanecer, y convierte el deseo de vivir en extraordinario...

Toma la responsabilidad de tu vida… Yo pude… Y sé que tú puedes también!

CONTENTS

I. Prólogo

Como Coach Contextual me sitúo en la perspectiva de que, aún en estos tiempos de grandes avances tecnológicos, la mente no deja de manejarnos, y a final de cuentas siempre expresará el contenido del ser humano.

Estoy convencida de que la felicidad es un estado de elección; sin embargo, hay secretos del alma que nos encapsulan dentro de una coraza de dolor y desvalorización.

Una antigua tradición japonesa, el *seppuku* o *harakiri,* permite a los samuráis el suicidio por honor; en nuestra cultura occidental no se contempla ese tipo de prácticas, a pesar de que muchos seres humanos viven con su mundo fracturado, deseando morir para recuperar la paz interior.

Las estadísticas "mitigan" la realidad de miles de *niñas- mujeres* y *niños-hombres* que han sido ultrajados sexualmente, y que por distintas razones no se atrevieron a hablar; son voces que han callado el horror y la vergüenza de esas heridas.

¿Cómo puede un niño redimirse ante la familia, ante la sociedad, ante sus propias expectativas a vivir una vida normal, cuando le rompieron el corazón, robándole su inocencia, su risa y su amor propio?

Es hora de que todo esto salga a la luz!

Por muchos años nos sometimos al contexto que aprendimos, y era tan incómodo que nuestro cascarón se agrietó, mostrándonos que podíamos manejar nuestro poder desde otra perspectiva; hoy se despierta la voz de los hombres y mujeres que han decidido cambiar las evidencias de los años por la posibilidad de ser aquí y ahora todo lo que han elegido ser… Hoy se les revela el secreto para optar por la vida que ellos escogieron.

Quiero agradecerte por tomarte el tiempo para conocer la historia de una mujer cuya esencia me atrajo desde que la conocí, pues algo me decía que dentro de ella iba a encontrar un universo maravilloso, y mi intuición no me falló: Es un honor para mí presentar la vida de Aide Anaya, una mujer con grandes aptitudes, que busca y representa el equilibrio entre lo material y lo espiritual mediante los dos círculos entrelazados que representan el *infinito,* símbolo de su visión de vida y que la distingue como Coach Emocional, y que utilizó las cadenas del pasado para crear en el presente un vínculo de amor.

Hoy quiero decirles a los que por miedo callan… A los que creen que no serán escuchados… A quienes piensan que no tienen el valor para salir de la cárcel de los pensamientos… Sólo hay una manera de vivir en paz: ¡siendo amor!

Tú eres la posibilidad de ser el arte de tu vida, dándole el color y el matiz que tus ojos quieren observar; tú eres la melodía de tu corazón que ha acumulado las nuevas notas musicales, y estás listo para compartir la partitura de la sinfonía ilimitada del amor en la transparencia y autenticidad de tu ser.

Esa voz es tu esencia; tu luz sigue encendida, esperando que tomes posesión de las riendas de tus pensamientos.

Arriésgate a dar el paso para realizar tus sueños, y un sinfín de posibilidades inimaginables te acercarán a ellos.

Sayrol Lara Chávez

Coach Contextual

Aunque mis días se hubieran prolongado,

la oscuridad no habría

abandonado este mundo.

En el sendero de la muerte, entre las colinas,

contemplaré la luna…

Haiku del siglo XVII, escrito por Oroku, poetisa japonesa vulnerada, quien optó por el suicidio para redimirse a sí misma …

1. Una infancia feliz

La niñez es la etapa de la vida donde vives en el asombro…

Aide Anaya

Ciudad Sahagún es pequeña, pero tiene una gran historia. Está ubicada en el estado mexicano de Hidalgo, y hasta hace algunos años tuvo una importante industria automotriz: RENAULT, DISEL NACIONAL y otras marcas importantes tenían allí su centro de operaciones.

Lo recuerdo muy bien, porque ahí nací.

Mi abuela era originaria de Aguas Calientes, pero se mudó a Puebla y allí nació mi madre; luego se radicaron en Pachuca, Estado de Hidalgo, y finalmente se establecieron en Ciudad Sahagún buscando una mejor calidad de vida.

Mi mamá ya se había divorciado de su primer esposo cuando conoció a mi padre en la empresa Renault.

A los 7 meses de gestación comenzó a tener algunos problemas de salud, y en la clínica le sugirieron inducir inmediatamente el parto. Ella se horrorizó, porque los embarazos deben durar 9 meses -alrededor de 40 semanas-, así que tomó la decisión de abandonar la clínica y esperar en casa.

Fue así como, a pesar de estar en una ciudad próspera y desarrollada, yo vine al mundo en las manos de una partera, cuyo nombre me pusieron en su honor: Aide.

Esta soy yo. Nací a los 9 meses, el 27 de abril de 1975.

Dio la casualidad que mi abuela se embarazó casi al mismo tiempo que mi mamá; el menor de mis tíos, Rafael, nació en septiembre, y tenemos la misma edad.

Mamá ya tenía 2 hijos de su anterior matrimonio, y mi papá tenía 6; todos sabíamos de nuestra existencia y nos queríamos mucho, pero todos mis hermanos eran más grandes que yo, así que no compartíamos mucho, y quien realmente creció a mi lado como un hermano fue mi tío.

Mi madre decidió ser mamá soltera después de mi nacimiento; ella contaba con un buen ingreso, ya que estaba empleada en la empresa y contaba con el apoyo incondicional de mi abuela.

El sueldo de mi mamá le permitió contratar nanas para mi tío y para mí, y así tanto ella como mi abuela nos dedicaban tiempo de calidad.

Crecí alejada de mi padre, pero nunca me faltó nada material; tuve todo lo que una niña de mi edad podía desear: una casa bonita, mi propio cuarto, mis juguetes, mi ropita, y el cuidado y cariño de mi familia.

Todavía conservo una foto de mi primer añito: se ve que tuve una fiesta enorme, con pastel y gelatinas; yo salgo vestida de Princesa al lado de mis padres, pues a pesar de que ya no vivían juntos, compartían las ocasiones especiales.

La familia de mi madre siempre fue aficionada a la cocina; mi abuela comenzó preparando comida para el personal de la clínica del IMSS que estaba muy cerca de casa; con el tiempo logró abrir una tienda y por la noche vendía "antojitos", que es como llamamos en México a la comida tradicional: enchiladas, tortas, chalupas, quesadillas y demás delicias.

Ese negocio nos ayudó a mantenernos prósperos y unidos; mi abuela preparaba la comida en casa, y el resto de la familia se encargaba de llevarla al negocio y atender al público.

A mi mamá también le encantaba cocinar, pero su trabajo en la empresa no le permitía hacerlo con frecuencia; aun así, se inscribió en clases de gastronomía, y hasta ganó un concurso con el platillo estrella de mi abuela... Todavía las recuerdo repasando juntas la receta.

Crecí viendo a mi familia apoyarse y protegerse mutuamente. Tal vez por ser la hija mayor, o quizá por ser la principal proveedora, mi mamá se había convertido en la mano derecha de mi abuela y era muy respetada por todos los integrantes de la familia; ninguna decisión importante se tomaba sin su consentimiento.

Mi tío y yo éramos los más pequeños de la casa, y a medida que íbamos creciendo nos iban asignando tareas de acuerdo con nuestras capacidades; así fuimos aprendiendo el sentido de la cooperación y la responsabilidad.

El momento más esperado por todos era la hora de la comida: teníamos dos comedores de 6 puestos cada uno, y allí nos juntábamos todos a platicar sobre las novedades del día; nadie podía faltar a la mesa.

Después de la comida, había montañas de trastes por lavar; yo era la encargada de los cubiertos, pero cuando crecí un poco más ya pude ayudar a mi abuela en la cocina: primero, ella me ponía a limpiar los tomates, y después me enseñó a preparar la carne, el queso y el pollo para las tortas, que eran su especialidad; esa era mi tarea favorita, porque iba haciendo y comiendo a la vez.

Mi tío Rafael y yo comenzamos a asistir al kínder en La Estancia, una escuela infantil exclusiva de la empresa donde trabajaba mi mamá, y estábamos juntos en el mismo salón; compartíamos las actividades, los juegos y el almuerzo a la hora del recreo. A diferencia de otros niños, nosotros no teníamos que pedir chucherías, porque en el negocio de mi abuela podíamos entrar y tomar las que quisiéramos; no éramos millonarios, pero siempre gozamos de una buena economía.

Mi mamá pasaba todo el día en la empresa, mis otras tías se iban a atender el negocio y mi abuela se quedaba preparando en casa todo lo que se vendía; eso hacía que las cosas se complicaran a la salida de la escuela, porque había ocasiones en las que nadie podía ir por nosotros, y teníamos que quedarnos con la maestra hasta que alguien nos buscaba.

Un día que se demoraron más de lo normal, ella decidió llevarnos a su casa. Era muy dulce, y nosotros nos sentíamos como en el cielo: comimos y jugamos hasta que vinieron por nosotros, y desde ese día la maestra acordó con mi familia llevarnos con ella cuando no pudieran buscarnos. El kínder se había convertido en una extensión de nuestro hogar, y la maestra en nuestra segunda mamá.

Al cumplir 6 años, terminamos el kínder y nos tocó ir a otra escuela. Íbamos muy felices a nuestro primer día de clases; teníamos muchas cosas nuevas: el uniforme, la lonchera, la mochila… Sin embargo, toda esa emoción se desintegró cuando mi tío y yo descubrimos que nos habían asignado salones diferentes.

Habíamos crecido juntos, y siempre habíamos funcionado como un equipo. Se sentía tan extraño estar separados!

Nos pusimos de acuerdo para encontrarnos en el recreo y a la salida, siempre en el mismo lugar; al llegar a casa teníamos el hábito de quitarnos el uniforme y hacer inmediatamente nuestra tarea, antes de cenar o de ver televisión. Nadie tenía que mandarnos, pues los adultos nos habían inculcado que debíamos invertir tiempo en estudiar todos los días si queríamos mantener buenas calificaciones.

Mi tío era muy inteligente, y además su papá le explicaba los temas complicados de la escuela; era un señor mal encarado, y por eso yo no me le acercaba, pero luego Rafael me enseñaba con paciencia lo que él había entendido, y poco a poco descubrimos que intercambiar información de nuestras clases nos daba ventaja sobre nuestros compañeros. Al poco tiempo, nos habíamos convertido en los alumnos más sobresalientes de nuestros respectivos grados.

A diferencia de mi tío, yo sólo había visto a mi papá una vez en esos 6 años; fue un día en que vino a conversar con mi mamá, pero yo había escuchado a una de mis tías decir que él me iba a robar, y entonces cuando lo vi me eché a correr y busqué donde esconderme.

Rafael y yo seguíamos creciendo; ya podíamos sacar la basura y doblar nuestra ropa; lo mejor de todo era que ya sabíamos contar, y entonces nos asignaron acomodar la mercancía en el negocio cuando llegaban los proveedores; eso era muy divertido, porque jugábamos a que éramos adultos y que nos estábamos ocupando de nuestra propia tienda.

Al poco tiempo, comenzamos a irnos solos a la escuela; teníamos que caminar unos 20 minutos y atravesar una avenida principal; al regreso, nos juntábamos con otros compañeros para ir a tocar los timbres de las casas y salir corriendo, o para trepar a los árboles y bajar duraznos. Todas esas vivencias nos llenaban de adrenalina, pero también nos unían cada vez más; Rafael y yo no sólo éramos cómplices para hacer travesuras, sino también para cuidarnos y protegernos el uno al otro.

Una mañana, al llegar al negocio para llenar los exhibidores, descubrimos que se habían robado toda la mercancía durante la noche; afortunadamente la mayor parte del inventario se guardaba en casa, así que nos tocó ir a buscar más productos, y para traerlos usamos un carrito grande que mi abuela tenía guardado entre sus cosas.

Después de llenar de nuevo los anaqueles de la tienda, aquel carrito vacío se convirtió en nuestra avalancha por obra y gracia de la infancia; nos fuimos a una calle empinada y allí nos deslizamos y nos divertimos mucho.

Por supuesto que terminamos estrellados, entierrados y muertos de la risa, disfrutando de esa complicidad que no vuelve, y que sólo los niños saben compartir.

Otro día, estando mi tío y yo en el negocio, se nos hizo un poco tarde para ir a la casa a almorzar y luego salir a la escuela; en ese momento llegó Pedro, el jardinero de mi abuela, que venía en su bicicleta y decidió pararse a saludar.

Yo le pedí que nos llevara a casa montados en la parrilla y él aceptó, pero en el trayecto, mi tío introdujo uno de sus pies entre los rayos de la rueda y se lastimó;

nos detuvimos porque comenzó a sangrar, pero nos esperaban en casa y ya no podíamos demorar. A pesar de que teníamos la misma edad, mi abuela y su esposo siempre me insistían en que yo debía cuidarlo; yo sabía que ellos se iban a enfadar, pero viendo que la sangre no se detenía me armé de valor y fui a contarles lo ocurrido.

El herido fue llevado inmediatamente al médico, y yo me fui a la escuela. Cuando regresé, él ya estaba en casa, caminando con muletas y con algunos puntos de sutura en su pie; sin embargo, el médico aseguró que podría volver a la escuela después de algunos días de reposo.

Mi abuela me cuidaba bien, pero tenía muy mal carácter; cuando se enfadaba podía ser muy dura con sus palabras, pero nunca llegó a golpearme; en cambio, su esposo sí intentó una vez pegarme con el cinturón, sólo que justo en ese momento llegó mi mamá y pudo intervenir:

-Quiero que les quede muy claro a todos que a mis hijos nadie me los toca.

Ese día se hizo un acuerdo en mi familia: cualquier inconveniente que surgiera conmigo, sería solucionado entre mi madre y yo; a partir de ese momento nadie intentó ponerme un dedo encima nunca más.

No dudo que mi abuela estuviera enojada por el incidente de la bicicleta, pero ni ella ni su esposo me hicieron ningún reclamo.

Cuando mi tío se recuperó completamente pudimos volver a nuestras rutinas: entre semana íbamos a clases, hacíamos las tareas y ayudábamos a mi abuela en el negocio, pero el fin de semana era para salir a jugar con todos los chiquillos de la cuadra. Comenzábamos desde el viernes por la tarde; nuestro juego favorito era el bote, porque hacíamos equipos para competir con los chicos de otras calles, pero también jugábamos al escondite y a saltar la cuerda.

En vacaciones, nos ponían un horario para cada cosa: ayudar en el negocio de la abuela, repasar nuestras materias de la escuela y practicar caligrafía; sólo después de hacer todo eso era que podíamos jugar o ver televisión.

En el negocio éramos los encargados de empanizar las milanesas; mi abuela tenía una forma muy particular de prepararlas, y por eso eran las mejores de la ciudad: ella dejaba orear el pan que sobraba, y cuando ya estaba duro, nosotros teníamos que molerlo; terminábamos llenos de migas de pan, pero era algo que nos gustaba hacer y que nos mantenía ocupados.

Nuestro día a día estaba siempre cargado de música: mis tíos, mi abuela, y hasta mi mamá acostumbraban a escuchar sus canciones preferidas cuando estaban en casa, y nosotros aprendimos no sólo a cantarlas, sino a bailarlas también.

Me encantaba montar bicicleta, andar en patines o lanzarme en avalancha, pero mi mamá nunca me compró nada de eso porque tenía miedo de que me lastimara; en cambio a mi tío sí le compraban todas esas cosas, y él me las prestaba a escondidas.

Compartíamos todo lo que sabíamos, y siempre estábamos inventando alguna ocurrencia, desde hacer tormentas de nieve con unicel desboronado hasta ponernos barbas de crema o pegar con chicle las figuras del pesebre que quebramos jugando al fútbol; por lo general yo era la de las ideas, pero él siempre me seguía.

Ya era costumbre escuchar a mi abuela:

- Cuando están en silencio es porque algo están haciendo.

2. El Tesoro Perdido

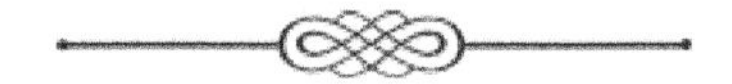

El regalo más grande es la sonrisa de un niño... No la borres!

Aide Anaya

No recuerdo cuántas veces escuché a mi madre decir que nunca nos iba a poner un padrastro; por supuesto que ella tenía sus pretendientes, pero nunca los traía a la casa.

Sin embargo, hubo uno en particular al que sí conocimos, porque venía a buscar a mi mamá para salir juntos.

Era originario del Sur del país, y un día se ofreció a prepararnos un almuerzo típico de su ciudad; era la primera vez que mamá nos involucraba con uno de sus novios, y se veía muy feliz. Ese día compartimos con él en casa, casi como una familia.

Semanas después, llegó el día de la Confirmación de mi hermano; se nos había hecho un poco tarde, y al salir rumbo a la ceremonia pisé sin darme cuenta un charco de lodo, ensuciando mis zapatos y mi vestido nuevo.

-Ya no hay tiempo de que te cambies- me dijo mamá -Mejor regrésate y nos esperas en casa.

Y me entregó las llaves.

Recuerdo que llegué y me cambié de ropa; ya mi mamá había dicho que la confirmación iba a durar varias horas, así que encendí la televisión para no aburrirme; era sábado, así que podría ver algunos de mis programas favoritos.

Al rato, tocaron a la puerta; era el novio de mi mamá. Yo le expliqué que ella estaba en la iglesia y que iba a demorar.

- ¿Y por qué tú no estás en la iglesia? - me preguntó; yo le conté lo ocurrido, y entonces me dijo:

-Qué bueno que estás en casa… Déjame entrar para esperar a tu mamá.

Cuando entró me tomó de las manos y comenzó a darme vueltas diciendo:

-Mira nada más cuánto has crecido!

Yo me sentí un poco extraña, pues ni siquiera mis tíos me habían tratado nunca de esa forma; luego me abrazó y me dijo al oído:

-Vamos a jugar un juego…

- ¿Cuál juego?

-Uno muy divertido… pero con una condición: tienes que guardar el secreto…

Mientras me decía esto, me estaba tomando por la cintura; yo comencé a sentir mucho miedo, y le dije que ese juego no me gustaba, pero él me dio la vuelta y me tapó la boca mientras me sujetaba con mucha fuerza.

Sentí su mano debajo de mi falda bajando mi ropa interior, y después un dolor muy intenso; yo no sabía que estaba pasando, pero era desagradable.

Cuando por fin me soltó, yo no me atreví a moverme; él se subió los pantalones, me puso mi panty, me arregló la ropa y el cabello, y me dijo:

-Ya me tengo que ir. No le digas a tu mamá que vine, ni le platiques del juego que jugamos, porque si lo haces, voy a venir a castigarte.

Me apagó el televisor y se fue.

Es todo lo que puedo recordar; de resto es como si una nube negra se atravesara en mi mente, impidiéndome ver cualquier imagen; sólo puedo revivir las sensaciones.

Yo no podía pensar; estaba temblando de pies a cabeza y con un dolor inmenso en mis partes privadas y en todo mi cuerpo; me fui a mi cuarto caminando con dificultad, y me acosté.

Cuando mi mamá regresó, se extrañó de no verme en la casa; se asomó a mi cuarto y yo fingí estar dormida.

Al día siguiente, me dijo:

-Te fuiste a dormir muy temprano

-Es que me sentía un poco mal, pero ya se me pasó.

- ¿Y qué hiciste ayer? ¿Vino alguien?

-Estuve viendo la televisión hasta que me fui a dormir, y no… no vino nadie.

El dolor que sentía en mi cuerpo casi no me permitía caminar; pero el dolor de mi alma era mucho mayor. Ese domingo estuve casi todo el día encerrada en mi habitación; yo era aún muy pequeña, pero había escuchado muchas veces cómo las personas hablaban de las muchachas que perdían la virginidad sin haberse casado; era como si eso les quitara todo su valor como personas. No entendía mucho que significaba aquello, pero sonaba feo.

Yo no había decidido lo que me pasó; no lo busqué ni lo pedí, y aun así comencé a sentir que mi vida había perdido todo su valor. A partir de ese día, sólo viví pensando en que debía morirme.

Llegó de nuevo el lunes, y muy a mi pesar, el mundo seguía girando; mi mamá me despertó temprano porque debíamos salir como siempre a las 6.30 am; a esa hora ella tomaba el transporte de la empresa y yo caminaba hasta la casa de mi abuela.

Sin embargo, ese día mi trayecto fue diferente, pues mientras caminaba tenía la sensación de que alguien me perseguía para atacarme; la distancia se me hizo interminable y aterradora, y sentía que el corazón se me iba a salir.

Comencé a sentirme muy enojada con todos, incluso con mi tío; en ese momento yo misma no comprendía mis sentimientos, pero con el tiempo entendí que los culpaba inconscientemente por no haberme protegido. Me sentía desolada; definitivamente, algo se había roto dentro de mí.

Siguieron transcurriendo los días en medio de mis rutinas habituales, pero sin yo darme cuenta me iba encerrando poco a poco dentro de una coraza: ya no quería jugar ni hablar con nadie, y dejé de usar faldas y vestidos, porque me sentía más segura usando ropa de niño, como jeans y camisetas holgadas.

No tenía amigos; procuraba mantenerme alejada de las otras niñas, y los niños me perseguían para tocarme o miraban por debajo de la puerta cuando yo entraba al baño para comprobar que yo en verdad era una niña.

Tampoco tenía compañero de butaca, y una vez me hice pipí por miedo, porque la maestra me habló fuerte; en realidad iba a la escuela porque no tenía opción.

El recreo que todos esperaban con tanto entusiasmo era una tortura para mí; por eso prefería quedarme en el salón adelantando las tareas o leyendo, y hasta ordenando el escritorio de la maestra; todo con tal de no tener que salir. Me sentía sin ganas de vivir, y a la vez mi propia actitud alejaba a las personas; estaba atrapada en un círculo vicioso.

Muchos cambios se fueron dando en mí de manera gradual, pero yo no era consciente de ello; ha sido en base a fotos de mi infancia y a los recuerdos recopilados entre mi familia que he podido estructurar nuevamente mi historia, porque mi memoria se borró el día en que fui violada.

Yo no podía hablar de mi violación, porque sólo con pensar en ello volvía a revivir todo el terror, la impotencia y el dolor de aquel momento; lo que aún no he logrado comprender es por qué ninguno de los adultos de mi entorno indagó en lo que me pasaba... ¿Cómo no se dieron cuenta de todos esos cambios que estaban ocurriendo en mí?

La única en tocar el tema, aunque de la peor manera, fue una de mis tías que me llamó *marimacha* ; yo sólo evitaba lucir femenina para protegerme, pero en medio de mi confusión emocional ese calificativo me marcó, y me lo llegué a creer por mucho tiempo.

Habían pasado los años, y nunca más volví a ver al hombre que me violó; en casa dejaron de mencionarlo, y tampoco supe cómo terminó su relación con mi mamá. Simplemente desapareció, pero dejó un fantasma habitando dentro de mí.

En la escuela ya había reunido el coraje suficiente para pelearme a golpes con los chicos que me acosaban; salí victoriosa en la contienda, y a partir de ese momento las cosas dieron un giro radical, pues al descubrir que podía defenderme comencé a recuperar la confianza en mí misma, y de ser "rara" pasé de un momento a otro a ser popular: los que me fastidiaban dejaron de molestarme, y los que se habían mantenido al margen comenzaron a acercarse. Me había convertido en una heroína.

El recreo volvió a ser para compartir y jugar; muchos se acercaban a mí esperando que yo los protegiera, pero en realidad era yo quien me sentía protegida por ellos. Finalmente era aceptada en la forma en que yo había decidido ser, y eso fue restableciendo mi relación con el mundo y las personas;

sin embargo, mi tío y yo seguíamos distanciados por esa línea invisible que, aun sin comprender por qué, yo había trazado entre los dos.

Una vez en el recreo me buscaron unos chicos porque había una pelea desigual; fui con ellos a mediar, y resultaron ser unos bravucones que estaban acosando a mi tío. Él siempre fue muy pacífico y no se defendía; en ese momento me vi reflejada en él, y entonces yo misma lo empujé para que peleara.

Fue como sacar a un león de su jaula; se les fue encima, y tuvimos que detenerlo, porque no paraba de dar golpes! Ese día no sólo él descubrió que podía defenderse, sino que también nuestra amistad se restableció.

Volvieron nuestros juegos y travesuras, y ahora juntos de nuevo nos sentíamos invencibles! Los miércoles de plaza nos escapábamos de la escuela para irnos al mercadito a comer tostadas de crema con queso y a jugar canicas; él no jugaba, pero siempre me acompañaba. Yo apostaba y era una campeona; con el dinero que ganaba nos íbamos luego a jugar maquinitas.

Así terminábamos la primaria. Mi mamá acababa de recibir una casa nueva y había llegado el momento de mudarnos.

3. Mirada de Fuego

El amor de juventud nunca se olvida…

Aide Anaya

Entré en la secundaria con todo renovado: casa nueva, escuela y amigos nuevos; todo parecía indicar que mi tiempo de oscuridad había quedado atrás.

Estaba rondando los 11 años, y ya comenzaba a revelarme contra ciertas cosas: ya no quería levantarme tan temprano todos los días para ir a casa de mi abuela, pues mis clases eran en el turno de la tarde, así que me propuse convencer a mi mamá para quedarme en casa, dormir un poco más y aprovechar mejor el tiempo.

No fue sencillo, pero al fin accedió.

A Rafael y a mí nos asignaron de nuevo salones diferentes; él había comenzado a hacerse popular entre las chiquillas y eso lo mantenía bastante ocupado. Yo quería estudiar contabilidad, pero ya no había cupo cuando llegué y tuve que inscribirme en el taller de secretariado, pues los cursos de mecánica y dibujo técnico no me atraían para nada.

En esta etapa comencé de nuevo a usar falda, y ya me relacionaba mejor con las chicas de mi edad. Las de secretariado y los chicos de mecánica éramos los más sociables, los de dibujo eran los más *fresas* , y los de contabilidad eran los más inteligentes; yo me la llevaba bien con todos, y siempre nos juntábamos en las horas libres para jugar basquetbol, fútbol y volibol, o simplemente para escuchar música y bailar.

En una de esas reuniones me crucé con la mirada de Daniel, un chico de dibujo técnico del segundo año; comenzamos a conversar y entablamos una amistad muy especial.

Yo todavía no estaba en edad para tener novio, pero al conocerlo mi mundo comenzó a cambiar: me hice amiga de sus amigos; algunos tocaban en la rondalla de la escuela y a mí siempre me había encantado esa música; no me perdía sus presentaciones y hasta quise aprender a tocar la guitarra, pero mi mamá nunca me apoyó.

Todos los días después de clase, Daniel me acompañaba de regreso a mi casa, y luego comenzó a hacerlo también a la ida; guardaba su bicicleta en nuestro patio y caminábamos juntos hasta la escuela. A veces nos íbamos de pinta a cenar fresas con crema, tortas y malteadas; también nos gustaba visitar la feria y caminar bajo la lluvia.

A mí me gustaba mucho ir con él; era de los que no te permiten caminar del lado de la calle y te sacan la silla cuando vas a comer.

En ese tiempo mi mamá se había retirado de su trabajo en la empresa y ahora pasaba más tiempo en casa; creo que fue entonces cuando realmente comenzó nuestra relación madre-hija: me preparaba el desayuno, me hacía postres para la cena, comíamos juntas, conversábamos... Me consentía como a una princesa.

Sin embargo, no todo era color de rosa, pues ella no tardó en darse cuenta de que Daniel me visitaba más de lo normal y comenzó a enfadarse.

Yo decidí hablar con él y pedirle que nos distanciáramos, pues no quería que nada entorpeciera mi luna de miel con mi mamá; sin embargo, en lugar de alejarse, él regresó al día siguiente con todas las intenciones de ganársela.

Además de ser todo un caballero, Daniel era inteligente y refinado, y por si fuera poco siempre andaba impecable; mi madre no tardó mucho tiempo en tomarle cariño.

Nuestra amistad continuó; comencé mi 2do año y no dejaba de pensar que ese era el último año que estaríamos juntos en la escuela, pues él ya estaba terminando la secundaria.

Me asignaron un proyecto de investigación sobre insectos; yo siempre les he tenido mucho miedo y llegué a pensar que iba a reprobar, pero Daniel se ofreció a ayudarme y al final todo resultó un éxito.

Terminó el año escolar y él estaba emocionado por la nueva etapa que iba a comenzar, mientras que a mí la sola idea de volver a la escuela sin su compañía me desanimaba.

El momento inevitable llegó, pero aun así él continuó visitándome, incluso después que comenzó sus estudios profesionales; sin embargo, cada vez teníamos menos cosas en común, y poco a poco nos fuimos distanciando.

Con el tiempo logré superar la falta que me hacía, y me di cuenta de que había sido un error reducir mi universo solamente a él; comencé a ver muchas otras cosas que había ignorado mientras miraba el mundo a través de sus ojos; retomé mis amistades de otros tiempos y volví a sonreír.

Había un muchacho que vendía paletas a la hora de la salida y que siempre me había parecido enigmático; tenía unos 5 años mayor que yo y era muy silencioso. De vez en cuando Daniel y yo nos acercábamos para comprarle alguna paleta y él nos atendía con cortesía; ahora que ya no éramos novios, yo aprovechaba ese momento para reunirme con mis amigas y conversar.

Un día se nos antojó comernos unas paletas, y al momento de pagar, el chico misterioso me miró de un modo especial diciendo:

-La tuya es un obsequio; espero que la disfrutes. Por cierto, soy Efrén.

Y me tendió su mano.

- Aide- respondí -...mucho gusto.

Como era de esperarse, mis amigas no pararon de hablar del tema durante todo el día de escuela; yo en cambio no estaba tan eufórica: me habían lastimado tanto las separaciones que ya no quería conocer a nadie más.

Sin embargo, no era fácil resistirme, pues a la hora de la salida sentía la mirada de Efrén fija en mí; dejé de reunirme después de clase con mis amigas para evitarlo, pero entonces él siempre encontraba la manera de enviarme una paleta de mi sabor favorito.

Su paciencia dio resultado, y al poco tiempo comenzamos a ser amigos, pero se acercaban las vacaciones y él sabía que pasaríamos un buen tiempo sin vernos, así que un poco antes de que finalizaran las clases me pidió que fuera su novia.

Yo acepté, pero luego me retracté diciéndole que prefería ser su amiga; tenía miedo de que me hiciera sufrir.

- ¿Estás segura? - me preguntó. -Pronto me voy a ir a trabajar a los Estados Unidos y ya no nos vamos a ver.

En efecto, al poco tiempo vino a despedirse, y en ese momento supe que había tomado la mejor decisión:

si él ya había decidido hacer su vida en otro país, lo mejor fue haber mantenido la distancia.

Estaba comenzado la temporada de las quinceañeras en la secundaria; esto era todo un acontecimiento, y las chicas y los chicos no hablaban de otra cosa. En una de esas celebraciones conocí a Beto; era primo de una de mis amigas, y también era más grande que yo. Bailamos toda la noche y me sentí muy a gusto en su compañía.

Durante los días siguientes nos encontrábamos en todos lados; pensé que era una agradable casualidad, pero después mi amiga me confesó que él le preguntaba siempre en dónde encontrarme. Al saberse descubierto, decidió poner las cartas sobre la mesa y me pidió que fuera su novia; yo tenía en ese momento 15 años y aún no había conversado con mi mamá sobre el tema de tener novio, pero me pareció que ya era el momento adecuado y acepté.

Por esos días vino a buscarme un amigo de Efrén que acababa de llegar de los Estados Unidos y me entregó un paquete:

-Esto te lo manda Efrén. Si quieres enviarle algo avísame; regreso en dos semanas.

Yo quedé impactada; creo que yo nunca había tomado en serio su interés, y me sorprendía que siguiera pensando en mí al punto de haberse tomado la molestia de enviarme esas cosas.

Dentro del paquete había un regalo y una carta en la que decía que no había podido olvidarme y que regresaría por mí; me sentí conmovida, pero a la vez también me enfadé: la realidad era que estábamos lejos y que yo ya tenía una relación; entonces, ¿de qué me estaba hablando?

Ese día lo pasé pensando el asunto, pero luego con el tiempo se desvaneció; mi presente ya tenía nombre y apellido.

Beto tenía 20 años y ya trabajaba; me fue enamorando con detalles: me compraba flores y chocolates, me dedicaba canciones, y a pesar de que nos veíamos siempre, me escribía cartas de amor. Era un romántico empedernido.

Una tarde nos íbamos a encontrar para cenar, y él me estaba esperando con un peluche gigante que habíamos visto juntos unos días atrás; me rompió el corazón tener que rechazarlo, porque mi mamá aún no sabía de nuestra relación y sería imposible esconder semejante regalo.

Decidimos que él lo guardaría por mí hasta que las cosas estuvieran más calmadas con mi mamá, pero aun así, ella no tardó en descubrir que algo pasaba.

Un día Beto y yo caminábamos abrazados y no nos percatamos de que mi mamá se aproximaba; se dirigía a comprar el pan, y cuando la vimos ya estaba tan cerca que hubiera sido inútil ocultar lo evidente; intenté quitar el brazo de Beto de mi hombro, pero él me mantuvo abrazada mientras mamá se acercaba calmadamente.

Ella me miró con intensidad, y luego sólo me dijo:

-Te espero en la casa.

Conocía muy bien ese tono; las cosas se iban a complicar. Entonces Beto me tomó de las manos y me dijo:

-Estamos juntos en esto, ¿verdad? Vamos! Es hora de conocer a tu mamá.

Las piernas me temblaban cuando llegamos a mi casa, pero él manejó muy bien la situación:

-Es un placer señora; yo soy Roberto, y quiero pedir su permiso para salir con su hija como novios. Lamento que se haya enterado de esa forma, pero créame que sólo estábamos esperando el momento más indicado para hablar con usted.

Sus palabras causaron una buena impresión en mi madre; ella lo invitó a sentarse para conversar un poco, y cuando se fue me dijo:

-Al menos no te buscaste un cabeza hueca.

Entonces me sonrió, y yo sentí que me volvía el alma al cuerpo; a partir de ese día las cosas fueron un poco más fáciles; ya podíamos salir sin sobresaltos y dedicarnos a nuestro pasatiempo favorito: ir a bailar.

Llegó diciembre, y estábamos todos reunidos en casa de la abuela para la cena de Navidad cuando vino a buscarme mi papá, pues todos mis hermanos estaban en su casa y querían verme.

Fue muy agradable volver a abrazarlos; hacía mucho tiempo que no nos veíamos ni pasábamos tiempo juntos; en lo mejor de la velada tocaron a la puerta, y para mi sorpresa, era Beto; él había ido a buscarme a casa de mi abuela y allí le indicaron donde encontrarme.

Mis hermanos lo invitaron a pasar y conoció a mi papá, quien dicho sea de paso no se alegró precisamente de conocerlo. Al día siguiente mi mamá invitó a papá a almorzar con nosotros en casa de la abuela, y en medio de la comida él le reclamó el hecho de que me hubiera permitido tener novio, y entonces ella le respondió:

-Ya tu tiempo de opinar pasó y no lo aprovechaste; ahora no vengas a querer imponernos nada.

Siguieron discutiendo y la situación se tornó desagradable, al punto que abandoné la mesa sin terminar la comida; ese incidente me hizo distanciarme aún más de mi padre; por lo demás, Beto y yo seguimos siendo novios y todo fluía en paz.

Había pasado unos meses, y Efrén regresó de Estados Unidos; me sentí ofuscada al verlo: mis manos sudaban y sentía mis mejillas hirviendo, pero no comprendía por qué. Nos saludamos, hablamos un poco de nuestras cosas; me contó que había decidido llegar así para darme la sorpresa, y yo le dije que tenía novio, pero él ya lo sabía; sin embargo, no dejó pasar la oportunidad para decirme:

- Yo vine por ti, y te esperaré el tiempo que sea necesario.

4. Caminando hacia la Luz

El mejor regalo de un padre hacia a un hijo
es saberlo escuchar...

Aide Anaya

Todo esto me dejó muy perturbada; yo estaba feliz con Beto; él era tierno y amoroso, me sentía feliz a su lado, y en cuanto a Efrén, tal vez yo nunca lo había visto más que como un buen amigo, pero ahora me daba cuenta de que realmente era importante para mí...

El mundo se me puso de cabeza.

Finalmente, Beto y yo terminamos nuestro noviazgo; Efrén se había mantenido muy cercano a mí, esperando e insistiéndome que fuese su novia, y casi de inmediato acepté...Todo ocurrió tan rápido!

Mi mamá también le tomó cariño a Efrén, pero al poco tiempo las cosas cambiaron, pues me embaracé de él siendo aún menor de edad y soltera.

Cuando vi que mi período faltó por dos meses consecutivos, llamé a Efrén y le dije:

-Tenemos que hablar.

Él se puso muy feliz con la noticia y quiso inmediatamente ir a hablar con mi mamá, pero yo no se lo permití, porque me daba mucho miedo su reacción; entonces él me llevó a la casa de su hermana y allí nos quedamos.

Yo no había llevado conmigo nada más que lo que traía puesto, pero la hermana de Efrén y su esposo nos recibieron con los brazos abiertos.

Al ver que yo no regresaba, mi mamá se imaginó que me había fugado con mi novio y al día siguiente me fue a buscar a su casa, pero allí sólo estaban los padres de Efrén, quienes quedaron muy sorprendidos con la noticia de mi desaparición; sin embargo, la mamá de

Efrén intuyó lo que pasaba y fue a buscarnos a la casa de mi cuñada.

Entró directo al cuarto, sin preguntar, y al vernos allí comenzó a insultar a Efrén; yo me quería desaparecer, pero entonces llegaron mi suegro y el esposo de mi cuñada y lograron calmarla; ella dijo entre dientes:

-Pues ahora lo que queda es ir a pedir las disculpas y ver qué va a pasar.

Esa era la costumbre cuando un joven "se robaba" a una muchacha: tenían que venir los consuegros a presentar las disculpas a la familia de la novia y pedirla en matrimonio, y así lo hicimos: fuimos todos juntos a hablar con mi mamá, y como era de esperarse, se puso furiosa. Yo era menor de edad, así que ella tenía la última palabra:

-Pues se tienen que casar! - ordenó.

Fue difícil conseguir quien quisiera casar a una niña de 15 años con un joven de 21; por fin una persona aceptó casarnos al civil, pero según la ley yo no podía firmar en mi acta de matrimonio y tuvo que hacerlo mi madre, aun con toda la rabia y el dolor que estaba sintiendo.

En cuanto a la familia de Efrén, los bandos estaban divididos: su padre estaba feliz con nuestro matrimonio, al igual que su hermana mayor y su cuñado, pero su madre, su hermano menor y sus otras hermanas nunca me quisieron, pues ellos eran muy humildes y me veían a mí como una niña rica y mimada que había venido a robarles algo.

Después de casarnos, nos fuimos a vivir a su casa, a pesar de que ellos no querían; muchas veces mi suegro tuvo que intervenir, pues la convivencia con ellos nunca funcionó bien, ya que yo no era aceptada ni bien recibida allí.

La mamá de Efrén era una mujer seria, muy concreta en sus cosas y muy firme en sus decisiones, pero bastante dura; ella no me iba a brindar el afecto y el apoyo que yo estaba necesitando.

En cuanto a mi mamá, ella tampoco me hablaba; estaba muy enfadada; el día de la boda había ido a firmar el acta porque no había otra opción, pero después de eso no supe más de ella; ni me buscó ni la busqué. El único contacto que tenía con mi familia era a través de mi hermana; fue ella quien me empezó a traer mis cosas poco a poco, y me contaba cómo estaba mi mamá.

Tal vez todos esos factores terminaron afectándome; lo cierto es que el embarazo me generó el mismo desequilibrio emocional que había sufrido años atrás cuando fui violada; comencé a sentir de nuevo todo el miedo y la tristeza que experimenté en aquel momento, y no dejaba de pensar en la fragilidad de los niños; me asustaba la idea de traer un nuevo ser a este mundo tan lleno de maldad, y de nuevo tenía aquella sensación de que mi vida no tenía sentido.

Caí en una especie de depresión, y lo peor era que no quería que Efrén se me acercara, ni mucho menos que me tocara; no lo toleraba.

Él seguía a mi lado brindándome su apoyo, aunque no lograba entender qué me pasaba, y yo no le podía contar aquel secreto de mi pasado.

Dejé de comer; su familia le decía:

-Llévala con su mamá, ¡se te va a morir!

Pensando que esa crisis se debía al enojo de mi mamá por mi embarazo, Efrén me propuso viajar a los Estados Unidos, donde vivía otra de sus hermanas; me dijo que ya le había hablado y ella nos estaba esperando.

Como la mayoría de las víctimas de ese acto atroz, yo sentía que el secreto de mi violación se proyectaba fuera de mí; vivía con el temor de que se descubriera la verdad, y me sentía culpable, aunque no sabía de qué.

Por eso, la idea de mudarnos me ilusionó.

-Wow!- pensé - Otro país, un mundo nuevo donde nadie me conoce; no saben de mí, no conocen mi historia... será como empezar de 0!

No sabía qué me esperaba aquí; sólo vi la oportunidad de dejar mi pasado atrás, e inmediatamente dije que sí. Partiríamos exactamente un mes después de nuestra boda.

Casualmente un día antes de nuestro viaje me encontré con mi abuela y mi tía, y les dije que nos vendríamos para California.

-Mija- me dijeron- habla con tu mamá; ella está bien triste; no te vayas así…

-Pero si es que ella no me quiere hablar; y pues ya está todo listo. Mañana me voy.

Salimos al día siguiente muy temprano; no me despedí de mi mamá y eso me dolió mucho. Emprendimos el viaje; eran 3 días en autobús y yo los pasé entre ascos y mareos, pues mi embarazo apenas estaba comenzando. Llegamos a Tijuana, y ya Efrén había arreglado todo: su hermana nos prestaría el dinero y ya sabía quién nos iba a pasar.

Ahí conocí los famosos "burritos"; fue lo primero que me dieron para comer, y los he aborrecido desde entonces. Eran tan insípidos!

En ese entonces era más sencillo cruzar la frontera.

- Yo conozco el camino- me dijo Efrén- sé cómo llegar; vamos a intentar pasar solos.

Ese día me llevó a caminar por la línea, y en la noche nos preparamos para cruzar, pero era el mes de marzo, temporada de lluvia, y había inundaciones, así que finalmente decidimos pagar para que nos pasaran.

Tuvimos que esperar hasta el día siguiente, pero en realidad fue todo bien sencillo: bajamos por una lomita, corrimos, llegó el aventón, y ya para la noche estábamos en Los Ángeles.

Yo venía igual de una ciudad, pero aquí empecé a ver todo bien diferente; llegamos a vivir con mi cuñada en un departamento muy bonito, con alfombra y todas las comodidades; me sentía un poco nerviosa por los conflictos que había tenido en México con la familia de Efrén, pero su hermana me recibió muy bien.

Él quiso regresar al trabajo que tenía anteriormente, pero ya no lo aceptaron de vuelta y ahí comenzó una etapa bastante difícil: yo embarazada y mi esposo sin conseguir un empleo estable.

A mí no me pasaba la comida de aquí; yo veía el pollo, los huevos, todo tan blanco y sin gusto...

- ¿Quién se quiere comer eso? - pensaba.

Llevé todo mi embarazo comiendo donas, café, elotes y jitomate crudo con limón; era lo único que toleraba, y por supuesto estaba súper delgada.

Mi cuñada vivía con su esposo y su hijito, pero aparte había mucha más gente viviendo allí; llegamos a estar hasta 12 personas, incluso un argentino muy divertido.

Durante la semana todos salían y yo me quedaba sola en el departamento; Efrén seguía buscando trabajo, y mientras tanto su hermana se encargaba de todos nuestros gastos. Ella nos apoyó mucho, y también unos amigos de mi esposo nos ayudaban con la comida; cuando conseguían trabajo invitaban a Efrén para que se ganara algún dinero, y de regreso siempre pasaban por la tienda y me compraban las cosas que sabían que a mí me gustaban.

Un día tocaron a la puerta y escuché que me buscaban; Efrén y yo nos asustamos mucho, pues yo aún no conocía a nadie allí, pero nos tranquilizamos al ver que se trataba de un conocido de mi mamá que acababa de llegar de México; ella había preguntado a mis suegros nuestra dirección y le había pedido a este señor que me ubicara y me entregara una carta; tengo que reconocer que me sentí muy feliz.

A partir de ahí mi mamá y yo seguimos en comunicación, pero más que todo por cartas, porque hacer llamadas a México era muy caro; ella incluso llegó a ayudarnos con dinero, pues se enteró de que mi esposo aún no conseguía trabajo.

Mi embarazo iba en progreso, y ya me tocaba aplicar para el famoso Medical; unos conocidos me sugirieron:

-Cuando vayas a la entrevista, no les digas que estás con tu esposo, diles que él se fue y que tú estás con su hermana.

Nos aconsejaron mal. Fue una experiencia terrible; yo no entendía nada de eso, y por la información que les di no me asignaron el 100 % del servicio de salud, así que tuve una atención médica fatal; afortunadamente, faltando sólo dos meses para que naciera mi bebé, yo comencé a tolerar los alimentos y a sentirme mejor.

Llegó por fin el noveno mes, y un domingo al despertar me sentí extraña; Efrén no había tenido empleo en semanas, pero ese día precisamente lo habían llamado para trabajar.

-Mejor quédate- le dije- yo creo que ya va a nacer el bebé...

Precisamente por eso, él no quería perder la oportunidad de ganar algo de dinero; de todos modos, por ser domingo estaban todos en casa, así que se fue y yo me quedé ayudando a mi cuñada en la cocina.

En ese tiempo no había teléfonos celulares; si algo pasaba, no tendría cómo avisarle a Efrén; tocaría esperar a que él llamara a la casa desde un teléfono público, tal y como habíamos hecho en los últimos meses.

Como a las 10 de la mañana entré al baño y me di cuenta de que había comenzado a sangrar; la clínica que me habían asignado en el servicio de salud quedaba muy lejos y tuve miedo de no llegar a tiempo, entonces fui a la cocina muy asustada y le dije a mi cuñada:

-Mejor llévame al hospital…

Llegamos cerca del mediodía, y de una vez comenzaron a examinarme; yo aún no hablaba inglés, pero mi cuñada sí, y estaba ahí conmigo. Las enfermeras le dijeron que debíamos regresar a la casa, pues aún me faltaba mucho por dilatar, pero ella les explicó que vivíamos muy lejos y que lo más prudente era quedarnos.

-Ahorita ella va a caminar- les dijo, y eso hicimos; la idea era que yo pudiera dilatar.

A eso de las 5 de la tarde yo ya estaba comenzando la preparación para el parto; cada vez tenía más y más dolor, y mi cuñada no se separaba de mi lado a pesar de que la tenía toda mallugada, porque cada vez que me venía una contracción le apretaba las manos y hasta la mordía.

Efrén no se enteró de que estábamos en el hospital sino en la tarde, cuando regresó de trabajar, y se fue inmediatamente para allá; cuando lo vi llegar, le dije a mi cuñada:

-Dile que se salga; no lo quiero ver!

Él se puso muy triste, pues venía con la ilusión de acompañarme en el proceso del parto, pero en ese momento yo lo estaba odiando; por el contrario, me había apegado mucho a mi cuñada y la veía como a una madre. Ese día le dije:

-Si algo me pasa, quiero que seas tú la que cuide a mi bebé; no quiero que se quede ni con mi mamá ni con tu hermano; prométeme que tú te vas a encargar...

Entonces me vinieron unos dolores tan fuertes que me desmayé, y entonces pude ver que mi cuerpo estaba acostado en la camilla, pero yo había salido de mí y empecé a avanzar por un túnel brillante, precioso… Al final se veía una luz muy intensa, y yo iba caminando hacia ella; ya no tenía miedo, sentía una gran paz, pero de pronto algo me jaló hacia atrás:

-No! No te vayas, aún no es tu tiempo…

5. Sin armadura

Lo más maravilloso del ser humano es vivir en libertad, sin cadenas que lo aten al pasado...

Aide Anaya

Abrí los ojos justo cuando escuché que estaba llorando mi bebé; el doctor me dijo:

-Es una niña!

Y me la acercó para que la viera; puse mi mejilla en la de ella, era tan tibiecita...

En ese instante vi como una película en mi cabeza lo que había sido mi vida desde los 7 años hasta ese momento, y entonces pensé:

-Claro que no me podía morir! Tengo que cuidar de esta niña; a ella no le va a pasar lo que me pasó a mí ...

A partir de ese momento me preocupé por estar junto a mi hija a cada instante, pero yo había estado al borde de la muerte y necesitaba recuperarme. Esa primera noche no me dejaron estar con ella y me sentí muy angustiada; le pedía constantemente a mi cuñada que fuera a verla y se asegurara de que todo estaba bien.

Al darme de alta regresamos al departamento y nuestra niña se convirtió en la más consentida; todos la querían y la cuidaban, pero yo no dejaba de desconfiar y estaba siempre alerta.

Cuando ella tenía 3 meses de nacida, nos enteramos de que estaban solicitando proyectos para la ampliación de una casa; inmediatamente Efrén se puso a trabajar en un diseño, aunque en el fondo pensaba que no sería seleccionado por no tener papeles; sin embargo, no sólo escogieron su proyecto, sino que además lo contrataron para llevarlo a cabo.

La paga era muy buena; fue como habernos ganado la lotería! Pagamos todas nuestras deudas y comenzamos a mandar dinero a México.

Cuando nuestra hija nació, estábamos muy limitados económicamente, y todo lo que teníamos había sido gracias a mi cuñada. Ahora era como si Efrén quisiera borrar de nuestra mente todas esas limitaciones y se esmeraba por darnos todo lo mejor; no le importaba cuánto tuviera que gastar con tal de tenernos como unas reinas; honestamente, se desvivía por nosotras.

Se acercaba el día en que mi hija cumpliría su primer añito y yo había comenzado a planificar su fiesta, cuando una tarde llega Efrén y me dice:

-Ya vámonos... Ya ahorramos, ya tenemos dinero... Vámonos a México!

La verdad es que ya habíamos comprado bastantes cosas, no teníamos deudas y teníamos ahorrado el dinero que le hacíamos llegar a mi mamá en México.

Regresaríamos en avión; en ese tiempo podías llevar todo el equipaje que quisieras, y el nuestro consistía en 10 maletas gigantes, repletas de todas las cosas que habíamos comprado durante ese tiempo.

Yo sólo le avisé a mi mamá la fecha de nuestro viaje, pero ella se las arregló para averiguar nuestra hora de llegada; volamos a la media noche y cuando aterrizamos en México al amanecer, ella estaba ahí esperándonos… Nunca olvidaré ese abrazo!

Llegamos justo a tiempo para preparar el cumpleaños de mi hija, y puedo decir que fue una fiesta inolvidable.

Mis suegros nos cedieron unos cuartos en su casa, y con el dinero que habíamos ahorrado Efrén decidió acondicionarlos para que fueran bien independientes. Nos llevó más o menos un mes organizar la casa; por fin se llegó el gran día de estrenarla y yo estaba encantada, pues desde que nos casamos era la primera vez que tendríamos privacidad; no me había percatado de que justamente por eso, ya no tendría excusas para seguir esquivando la intimidad con mi esposo.

Mientras estuvimos en California sólo habíamos tenido sexo esporádicamente y muy superficial, y aun así, había significado para mí un esfuerzo enorme; primero le había dicho que era por estar embarazada, y luego porque nuestra bebé estaba recién nacida, o porque siempre estábamos rodeados de gente... ¿Qué iba a decirle ahora?

Yo estaba cerca de cumplir mis 18 años y él tenía 24; se suponía que estábamos en el mejor momento de nuestra vida sexual, y sin embargo la idea de vivir ahora los dos solos con nuestra niña comenzó a angustiarme; me había quedado sin mis escudos de defensa.

Lo peor de todo era que yo no lograba comprender qué era lo que me estaba sucediendo; sentía que algo dentro de mí no funcionaba, pero no sabía qué.

En algún momento yo le platiqué a Efrén sobre mi violación, y en esa ocasión él me escuchó, pero no profundizamos en el tema; cuando yo comencé a rechazarlo íntimamente, pensamos que era normal por el embarazo; él nunca se enojó ni me presionó de ninguna manera, pero ya nuestra niña acababa de cumplir un año y yo seguía sin permitirle que se me acercara. Yo lo amaba; para mí era muy doloroso rechazarlo cuando me buscaba, pero simplemente, no lo podía evitar.

El diálogo siempre era el mismo:

-No... hoy no...

-Okay...

Entonces lo veía alejarse, triste y frustrado, pero mi bloqueo emocional no me permitía hacer otra cosa. Ahora estaba cerca de mi familia, pero tampoco me atrevía a platicarles a mi mamá o a mi hermana sobre ese asunto; terminé pensando que tal vez yo era rara, y todo lo que me pasaba era mi condición normal.

En México teníamos una vida bien relajada: Efrén había conseguido un trabajo muy light, haciendo verificaciones de carros, y se iba como a las 9 de la mañana; yo me quedaba haciendo los oficios de la casa: lavaba y planchaba la ropa, limpiaba y ordenaba todo muy bien, pues siempre me ha gustado tener todo impecable; mi hija era bien tranquila y eso me facilitaba las cosas, y por otra parte Efrén también era muy colaborador; nunca dejaba la ropa tirada, y ya se había adaptado a que había un sitio para cada cosa.

Yo le mantenía sus camisas y pantalones planchaditos y sus zapatos bien boleaditos; eso para mí no era un gran trabajo, porque lo disfrutaba, y luego siempre me quedaba tiempo para descansar y jugar con mi bebé.

A las 2 de la tarde ya Efrén estaba de regreso; a esa hora comíamos con su madre y luego nos íbamos a nuestro espacio. Allí comenzaba mi calvario.

Inconscientemente yo comencé a buscar la manera de seguirlo esquivando, y sin pensarlo mi mamá se convirtió en la excusa perfecta; ella vivía a unos 20 minutos de nuestra nueva casa, así que yo comencé a inventarme motivos para ir a visitarla todos los días y quedarnos allí a dormir.

Así, cuando él se me acercaba, yo le decía:

- ¿Cómo crees? Ahí está mi mamá...

Entonces nos poníamos a ver películas o a escuchar música; esos momentos eran padrísimos! Claro que de vez en cuando llegaba a surgir algún encuentro íntimo, pero en lugar de disfrutarlo yo lo sufría, y no entendía por qué.

Al pasar los meses el volumen de trabajo de Efrén comenzó a bajar, al igual que nuestros ahorros; entonces él decidió volver de nuevo a los Estados Unidos, aun cuando había jurado y perjurado que nunca más regresaría.

En México yo ya me había habituado a tener mi casa con toda la independencia que habíamos ganado, y para nada quería regresar; él esperó el segundo cumpleaños de nuestra hija, y unos meses después, se regresó a California, esta vez acompañado de su hermano. Su plan era quedarse hasta fin de año, pues quería reunir el dinero para comprar un carro y construir una casa.

Después de que él se fue, yo comencé a tener conflictos con mi suegra, y en cierto sentido era comprensible; o sea, ya mi esposo se había ido; ¿qué hacía yo ahí?

A pesar de que ellos nos habían cedido ese espacio y teníamos cierta independencia, siempre estaban vigilándome para ver a qué hora yo salía, a qué hora entraba, que hacía, qué no hacia…

Mi entorno era muy reducido; sólo iba de nuestra casa a la de mi mamá y viceversa; no me volví a reunir con mis amigas de la secundaria, y compartía muy poco con mi hermana y con mi abuela.

Yo seguía pasando la mayor parte del tiempo en casa de mi mamá; ella había establecido una nueva relación con un señor muy amable y siempre salíamos a pasear en familia. Me sentía súper bien compartiendo con ellos: mamá me consentía, me hacia mi comida favorita, y siempre tenía algo especial para mi niña; sin embargo, nunca encontré un momento adecuado para platicarle acerca de lo que me pasaba con mi esposo y preguntarle qué hacer.

Mi suegra también era muy especial con nuestra hija, pero conmigo las cosas eran diferentes; un día tuvimos un altercado muy fuerte, y entonces llamé a Efrén:

-Ya lo decidí. Me voy con la niña a casa de mi mamá.

-No... Mejor se vienen para acá.

La idea no me gustó, pues yo estaba muy cómoda en México; sin embargo mi niña extrañaba a su papá, así que decidí regresar. En ese tiempo él ya podía pagarnos el viaje en avión, y comenzó a mover los trámites para pasarnos, pues nuestra hija tenía sus papeles como ciudadana de los Estados Unidos, pero yo no.

Cuando lo llamé para que me pusiera al tanto de la situación, él me explicó:

-El coyote puede pasar a la niña con sus papeles, y después a ti.

-Yo no voy dejar a mi hija con ningún coyote- le respondí. -Si tú me quieres llevar para allá, me llevas con mi hija todo el tiempo, o no me voy.

Por fin encontramos a una persona que nos podía pasar: tomaríamos la ruta del cerro y nada más nos cruzaría a mí y a mi niña, que ya estaba por cumplir sus 3 años. Era pesado cargarla, pero ella no se iba con nadie, así que ni siquiera la persona que nos traía me podía ayudar, porque nos podían atrapar si ella lloraba.

Yo la traía bien arropadita; ella quería su leche caliente y tuve que dársela fría, porque había llevado el agua y la leche en polvo para preparársela en el momento.

Al día siguiente volvimos a caminar y ya nos dieron el aventón; llegamos al anochecer, y Efrén nos fue a buscar junto con su hermana; mi niña venía dormida, pero en ese momento se despertó, y al ver a su papá le dijo:

-Papi! Viniste!

Él le sonrió:

-No hija, la que vino fuiste tú!

6. De la puerta para adentro

Apoya a tus hijos a fortalecer sus cimientos para que en la vida adulta no puedan ser derrumbados...

Aide Anaya

Ya en los Estados Unidos, me encontré con que algunas cosas habían cambiado. Mi cuñada y su familia se habían mudado a otro departamento y ya no tenían inquilinos; Efrén y su hermano habían llegado a vivir ahí con ellos, y ahora me les unía yo junto con nuestra niña.

Comencé a insistirle a mi esposo para mudarnos solos, pues ya en México habíamos probado lo que era tener privacidad y me parecía un retroceso tener que convivir de nuevo con otras personas, sin contar que ahora estaba con nosotros mi cuñado, con el que nunca me había llevado bien. Sin embargo, Efrén estaba muy apegado a sus hermanos y no quería dejarlos.

Mi cuñada trabajaba limpiando casas, y un día me preguntó:

-Oye, ¿no quieres trabajar? Es que unos amigos de unos clientes míos quieren contratar a alguien para que los ayude.

-Pues… sí! - le respondí.

Yo todavía no hablaba inglés, así que le pedí a Efrén que me enseñara, pero él me respondió:

-A mí nadie me enseñó; tienes que aprenderlo tú.

Entonces pensé que para limpiar no necesitaba hablar; yo era experta en tener todo impecable, y no iba a dejar pasar la oportunidad de que me pagaran por hacer lo que me gustaba. Acordamos que yo trabajaría los fines de semana para que él cuidara a nuestra hija, y ya luego veríamos si me permitían llevarla al trabajo; así no tendría que dejarla con nadie más.

Me contrató una familia filipina que vivía en un penthouse; ellos no manejaban el español ni yo el inglés, así que los primeros días fueron muy frustrantes en cuanto a la comunicación, pero con el tiempo nos comenzamos a entender.

Varios meses después se cambiaron a una casa muy grande, y entonces me pidieron que me encargara de la limpieza todos los días durante 8 horas; yo acepté, pero con la condición de que me permitieran traer a mi niña cuando viniera a trabajar. Me dijeron que sí.

En esta nueva residencia había más espacio; tenían una recámara independiente donde mi hija podía descansar y entretenerse viendo la tele.

Mientras tanto, yo seguía presionando a Efrén para que nos mudáramos: no teníamos deudas y ahora los dos trabajábamos; nuestra economía era buena. En Los Ángeles eran muy comunes unos departamentos pequeños que solo tenían la cocina, el baño y un cuarto; los llamaban "estudios", y por lo general los rentaban a precios muy accesibles. Yo estaba convencida de que un espacio así podía funcionar muy bien para nosotros y nuestra hija.

Como mi inglés todavía no era el mejor, todas las tardes al llegar del trabajo tomaba un cuaderno y un lápiz y me iba a las calles cercanas a buscar información. Cuando encontraba algún estudio que estuvieran rentando les pedía a las personas que me anotaran todo: cuánto era la renta, cuánto el depósito, etc., para luego mostrárselo a Efrén; sin embargo él no se interesaba, y no era por falta de dinero.

Acordé con mis patrones que no me pagaran al final del mes, sino que mejor me juntaran el dinero, y así pude reunir el depósito y el primer mes de renta; cuando ya completé el monto, le dije a Efrén:

-Vamos a mudarnos.

Al principio él se negó, pero luego me dijo que sí, con la condición de que su hermano se viniera a vivir con nosotros. Yo no estaba de acuerdo, pero al menos ya era un primer paso, así que decidí ser tolerante, a pesar de que eso me cambiaba los planes, porque un estudio ya no podía ser; necesitábamos buscar un departamento que por lo menos tuviera 1 cuarto, y por fin lo conseguimos. Logramos rentarlo y nos mudamos con mi cuñado.

Estábamos organizando nuestro nuevo hogar cuando llega un día mi cuñada y me dice:

-Tu hermano llamó desde México; necesita que lo llames; aquí está el número…

Hacía mucho tiempo que él y yo no teníamos comunicación, por eso me sentí intrigada y lo llamé inmediatamente.

-Papá está mal- me dijo -Quiere verte.

Le dije que hacía poco habíamos regresado y que no tenía planeado viajar por el momento, pero que me gustaría mucho hablar con mi papá; entonces acordamos una nueva llamada en pocos días para que mi hermano se asegurara de que mi padre estuviera en casa.

La última vez que nos vimos, mi papá se había enfadado conmigo por mi relación con Beto; habían pasado tantas cosas en tan poco tiempo! En el fondo me conmovía mucho que me hubieran contactado.

Llamé el día fijado; al principio se me hizo difícil dirigirme a él, pues no me nacía decirle "papá", pero tampoco me parecía respetuoso llamarle por su nombre. Aun así, conversamos mucho ese día y luego muchos otros días más, hasta que llegó el momento en que él debía regresar a su rancho en Quintana Roo, y entonces comenzamos a comunicarnos por cartas.

Me sentía muy feliz de haber recuperado el contacto con mi padre; sólo esperaba que el destino le permitiera a mi hija conocer a su abuelo; mientras tanto, habíamos empezado a disfrutar nuestra vida en el departamento; gozábamos de una economía que nos daba tranquilidad y comenzamos a socializar más.

Efrén entró en un equipo de fútbol; todos los domingos después de jugar se venían todos a nuestra casa y había fiesta; a mí me gustaba mucho cocinarles, siempre les tenía preparados algunos antojitos y la pasábamos muy bien.

Así era nuestra relación: de la alcoba para afuera, funcionábamos a la perfección: Efrén no era un hombre violento, no tomaba alcohol, sólo fumaba muy de vez en cuando; salíamos, íbamos al parque, compartíamos con las personas del fútbol... El problema surgía cuando estábamos solos.

Mi cuñado dormía en la sala y nosotros teníamos el cuarto, pero mi esposo y yo no dormíamos juntos; yo procuraba mantenerme bien apartada de él, y mientras menos cercanía tuviésemos, para mí era mejor. Incluso, llegué al extremo de vestirme con su ropa, pues obviamente me quedaba muy holgada y disimulaba mi cuerpo.

Todo ese cambio había comenzado a ocurrir sin que yo fuera consciente de ello; mi familia siempre había sido muy formal, y cuando regresamos a México ellos me reclamaron cuando me vieron en esas fachas.

Recuerdo un día en particular, en que yo había quedado con mi hermana para salir juntas, pero cuando ella me vio vestida de ese modo me dijo:

-No; yo así no te llevo. A mí me da vergüenza salir así contigo.

Desde ese día mientras estuve en México no volví a usar ropa masculina, sino faldas, zapatillas y cosas así, pero cuando regresé aquí de nuevo volví a vestirme con tennis, shorts y camisetas. No me sentía cómoda usando ropa femenina; no me llamaba la atención, ni siquiera para vestir a mi niña.

Yo no dejaba de estar preocupada por su integridad, y comencé a comprarle a ella también ropa de niño, tal vez buscando inconscientemente protegerla; le ponía pantalones de mezclilla, camisitas y hasta tirantes, pero cuando iba a comenzar en la escuela se puso muy feliz porque tenía que llevar faldita.

Un día, cuando ella tenía cinco años, me preguntó:

-Mami, ¿por qué me vistes de niño, si yo soy una niña?

Yo no supe qué responderle, pero sentí un vacío en mi estómago y tuve miedo de en mi afán por cuidarla pudiera estarle causando algún daño.

A mis 20 años y aún con muchas interrogantes, escuché por una bendita casualidad un programa de radio que me cambió la vida. Al principio mi primera reacción fue de rechazo, pues hablaba de parejas y sexualidad en medio de bromas y relajo; luego me di cuenta de que era la estrategia del locutor para suavizar los temas fuertes que trataban.

Las mujeres llamaban y contaban sus intimidades: "No me gusta estar con mi esposo" ... "yo no siento nada cuanto tengo sexo" ... "a mí me violaron siendo niña..."

Todos esos testimonios me ayudaron a entender un poco lo que me había estado pasando durante tantos años; yo había tocado el tema de mi violación una sola vez con Efrén, y nunca más hablamos de eso; él nunca me preguntó cómo me sentía o de qué forma me podía ayudar.

Supuse que hacer silencio era su forma de demostrarme solidaridad, y yo tampoco me atreví a insistir; lo único que le llegué a mencionar fue que quería ir a terapia, pero aunque él me escuchó, no me apoyó. Tal vez consideró que era algo vergonzoso, pues las personas creen que quien visita al psicólogo está loco.

Afortunadamente descubrí aquel programa de radio, y se convirtió en esa terapia que tanto había deseado; me permitió ver que yo no era rara, ni tampoco la única mujer que había sido violada cuando niña.

Mi confusión de todos esos años se debía a que no tenía recuerdos nítidos, y por lo tanto no me quedaba claro lo que me había pasado; lo único que sabía era que cualquier intento de intimidad despertaba sensaciones terriblemente desagradables en mi cuerpo, y no fue sino hasta que escuché esas historias que comencé a darme cuenta de cuál era el origen de todo ese rechazo.

Me identifiqué totalmente con esas mujeres; por primera vez en mi vida sentía que alguien hablaba mi mismo idioma, y eso significaba igualmente que alguien más podría comprenderme; me convertí en asidua oyente de ese programa, lo sintonizaba todos los días y lo escuchaba de principio a fin.

Paradójicamente, cuando yo por fin estaba encontrando las respuestas que tanto había buscado, comencé a notar a Efrén cansado, desencantado, y cada vez más distanciado.

Mi cuñado se había ido con unos amigos a trabajar a Concord y lo llamó un día:

-Vente carnal! Aquí ganas bien; aquí la puedes hacer…

Cuando él me dijo que se iba, yo le respondí enfadada:

-Está bien… Vete!

Sin embargo, en el fondo me sentí aliviada, pues eso me evitaría el pesar de estarlo rechazando.

Él nos siguió mandando dinero y yo continuaba con mi trabajo algunos días a la semana; podíamos pagar cómodamente la escuela privada de la niña, la renta, la comida, y seguir con mi rutina sin inconvenientes, pero sin embargo me sentía sola. Entendí que si él no estaba, no tenía sentido quedarme allí, y tomé la decisión de volver a México.

Efrén viajó a Los Ángeles para celebrar el cumpleaños de nuestra hija, y entonces le dije:

-Tengo ganas de ir a México; dame ese regalo.

Él me respondió:

-Está bien, pero sólo si me prometes que vas a regresar.

7. Regreso al Origen

El pasado es sufrimiento; el futuro es añoranza, pero el presente es para vivirlo…

Aide Anaya

Compramos el boleto y yo comencé a planificar mi viaje, pero antes él quiso llevarnos a conocer Concord; mi hija y yo estuvimos dos semanas con él y luego regresamos a Los Ángeles, pues de ahí salíamos para México.

Cuando le dije a mi mamá que viajaría, ella pensó que yo estaba bromeando; ya habían pasado cuatro años desde que nos habíamos ido, y por supuesto que no me creía.

A mi papá también le avisé; lo llamé y le dije:

- ¿Qué crees? Voy a ir a visitarte con tu nieta!

- ¿De verdad? Pues te vienes de una vez para acá…

-No, primero voy a ir a ver a mi mamá y después voy a verte a ti....

-Está bien... pero, ¿de verdad vas a venir? Prométemelo...

-Te estoy diciendo que voy a ir, y voy a ir.

Yo llegaría a México poco después del Día de Muertos, así que le dije a mi mamá:

-Sólo te pido que me guardes Pan de Muerto.

Cuando llegamos al aeropuerto ella nos estaba esperando con un termo de chocolate y un Pan de Muerto fresquecito que me supo a gloria; pasé dos semanas con ella y estaba relajada porque pensaba irme en avión a visitar a mí papá, pero ya era muy cerca de Navidad y cuando fui a comprar los boletos no había vuelos, así que me tocó viajar dos días y medio en autobús con mi hijita.

En ese tiempo estaba de moda "Cuando yo Quería ser Grande", la canción de Alejandro Fernández; cuando la escuché, me formé una historia muy bonita de cómo me hubiera gustado que fuera la relación con mi papá, y entonces se me ocurrió llevarle de obsequio ese disco compacto y una grabadora.

Lo llamé para decirle qué día llegábamos, pero ya había entrado el cambio de horario en México y nos confundimos, pues en Quintana Roo no aplicaba; mi hermano fue con su esposa a recogernos, pero no llegamos a la hora prevista y él tuvo que irse.

Su esposa se quedó a esperarnos, y cuando finalmente llegó nuestro autobús vi que una muchacha a quien yo no conocía se me acercaba:

- ¿Aide…?

Luego le pregunté cómo me había reconocido, y me respondió:

-Eres el vivo retrato de tu papá.

Nos fuimos a su casa y al rato llegó mi papá; estaba tan contento! Nos abrazamos y era como si el tiempo nunca hubiera pasado; parecía que realmente hubiéramos convivido todos esos años.

Le entregué su grabadora y le puse la canción; ahí lloramos los dos. Luego nos llevó a conocer su rancho; su esposa nos recibió muy bien y estaba muy sorprendida de que yo hubiera venido de los Estados Unidos a visitar a mi papá; ella sólo me había visto una vez en la vida: fue en una ocasión en que habían golpeado a mi papá y estaba en el hospital, entonces mi tío me llevó a verlo.

Ella aun recordaba que yo era muy chiquita y le había dicho:

- Señora, ¿puedo ver a mi papá? ¿Usted no se enoja?

La acompañé a cocinar en el fogón, algo totalmente nuevo para mí. Salíamos a recorrer el pueblo con mi papá; él era un hombre muy sociable y siempre le había gustado la política; cada diez pasos se encontraba con alguna persona que lo saludada, y lo más divertido era que yo no necesitaba presentación:

-Don Roberto! ¿Esta es su hija? No me diga! Pero si es igualita a usted!

Pude ver que todos querían y respetaban mucho a mi padre; me sentí orgullosa.

Llegó la Navidad y vinieron mis hermanos; compartimos, cocinamos y la pasamos muy padre, pero ya venía el Año Nuevo y decidí regresarme para pasarlo con mi mamá.

A mi papá le prometí volver, pero no volví; sin embargo, sentí la tranquilidad de haberme despedido de él.

El 30 de diciembre logré regresar a México en avión; pasamos las fiestas de Año Nuevo con mi mamá y mi hermana, pero yo no me sentía bien físicamente, pues últimamente había estado sufriendo de migrañas.

Mi hermana se preocupó:

-No te regreses- me dijo – Mejor quédate y trabajas conmigo en el Seguro Social.

La idea era tentadora, pues ese empleo ofrecía buenos ingresos, prestaciones y otros beneficios que me habrían permitido quedarme en México sin problemas;

sin embargo, yo le había prometido a Efrén que regresaría a los Estados Unidos.

Todo lo vivido en esa Navidad me hizo reflexionar: yo no tuve a mi papá, pero mi hija sí tenía el suyo, y no sería yo quien la apartara de él.

Nos regresamos a California, pero esta vez fue diferente.

Me despedí de todos sabiendo en el fondo que tal vez no los volvería a ver, y emprendimos el viaje de retorno. Llegamos a Tijuana en avión, y allí coincidí con una familia puertorriqueña con la que mi esposo había trabajado; estaban la esposa, el hijo y el señor, todos muy lindas personas, y se ofrecieron a buscar a mi hija en el aeropuerto y traerla con su papá.

En ellos sí podía confiar; pasaron a mi niña con sus documentos y yo me quedé en Tijuana esperando que me contactara la persona que me iba a pasar.

Me habían dicho:

-Tranquila! Te van a pasar con la mica de alguien más y vas a cruzar por la línea.

Todo sonaba padrísimo; el plan era pasarme a San Diego y de ahí tomar el avión, pero cuando iba cruzando el oficial que revisaba los documentos me miró y me dijo:

- Ésta no eres tú…

Yo por confiada ni siquiera había mirado esos papeles, pero en efecto la mujer de la fotografía no se parecía para nada a mí; desafortunadamente "me lanzaron al matadero".

Yo pensaba para mis adentros:

-Yo soy bien fregona! Ya mi hija se pasó, y yo ya he estado del otro lado….

Nunca había tenido problemas con la justicia; fue una experiencia muy impactante para mí: me detuvieron, me tomaron las huellas, me esculcaron de pe a pa y me encontraron mis identificaciones, la de

California y la de México, y aparte traía conmigo la mica de alguien más... Las cosas no lucían nada bien.

Metieron mis datos en la computadora y me comenzaron a interrogar:

- ¿A dónde vas?

-Voy a Los Ángeles a visitar a unos amigos.

En eso me encara el oficial y me dice:

- ¿Sabes qué? Ya no mientas!

Y me voltea el computador; ahí aparecía todo mi historial: mi nombre, el nombre de mi hija, todo! Luego me dijo:

-Qué tonta! ¿Para qué te saliste del país? ¿A qué saliste del país?

Ya me había quedado sin dinero y estaba muy asustada, pero no era la única que estaba en esa situación; había muchas personas detenidas, y como es normal en esos casos, nos pusimos a platicar:

- ¿Tú de dónde vienes?

- ¿Y para dónde vas?

Pasamos allí todo el día, y exactamente a la medianoche nos sacaron:

- ¿Y ahora? ¿Para dónde nos movemos? ¿Qué hacemos?

Nos bajaron y allí estaba un camión que nos regresaría a Tijuana; empezamos a reunir entre todos para pagar el traslado y llegamos al amanecer.

Llamé a Efrén y le conté todo; él estaba muy preocupado, me puso dinero y me indicó en qué hotel me debía quedar mientras él contactaba a alguien confiable que me pudiera pasar.

Me dijo:

-Te va a buscar XXX…

Sin embargo, pasaban los días y nada que llegaban por mí; obviamente tenía dinero, techo y comida, pero no me atrevía a salir. Por fin me ubicaron y de nuevo intentamos pasar, pero no lo logramos; esta vez no me atraparon, pero me regresé.

Ya al tercer intento me dijeron:

-Ahora sí! Este coyote es el mejor! Él te va a pasar por la línea.

Yo estaba muerta de miedo, pero ya se iban a cumplir 15 días sin ver a mi hija; esta vez tenía que cruzar, sí o sí.

Llamé a Efrén y le dije:

- Esto ya es demasiado para mí; esta es la última vez que voy a intentar pasar, pero quiero que me prometas que si no lo logro, tú me vas a regresar a mi hija.

Afortunadamente eso no fue necesario: me pasaron en carro por la línea, yo sentadita al lado del chofer.

Cuando me despedí, le dije a mi mamá:

-Si no te llamo en 15 días, búscame.

Justo llegué a California cumpliéndose ese plazo, e inmediatamente la llamé:

-No te preocupes mamá, ya llegué… ya estoy aquí!

Ella me respondió:

-Ya me puedo morir en paz, y si me muero no vengas, porque yo no soportaría volver a pasar por esta angustia de no saber nada de ti.

Cuando regresé nos movimos a Concord, una ciudad más pequeña al norte de California; allí todo era muy distinto: no había mucho transporte público y había pocas personas hispanas; de hecho, sólo vi una tienda mexicana y el FoodMaxx, que también vendía productos latinos.

Tal y como me lo había prometido, Efrén había buscado un departamento independiente sólo para nosotros; comenzamos una nueva vida.

Las pertenencias que habíamos dejado en el departamento de Los Ángeles se habían perdido; por el momento sólo teníamos 3 platos, 2 cucharas y las deudas pendientes de la renta, el depósito y el monto que se había pagado para que yo pudiera pasar; sin embargo, Efrén tenía un buen trabajo, y al mes ya pudimos comprarnos nuestros muebles y todos nuestros trastes.

Mi hija iba a comenzar su primaria y yo decidí no trabajar para quedarme con ella; así estuve durante todo ese año, y ya después decidí retomar mis actividades. Me contrataron en una compañía que buscaba personal para limpiar casas; con ellos trabajé un mes, pero era muy extenuante: me iba a las 7 de la mañana y regresaba a las 7 de la noche; tuve que dar el salto de confiarle mi niña a una conocida para que la trajera a casa después de la escuela, pues Efrén también regresaba tarde.

De pronto hice un stop y pensé:

- ¿Sabes qué? Esto no es para mí.

En ese corto tiempo había tratado con diferentes personas en las distintas casas; en particular había una señora muy agradable que ameritaba el servicio semanalmente y además hablaba español.

Me tocaba ir a su casa, y al finalizar mis tareas le dije que ese era mi último día, pues ya había tomado la decisión de renunciar. Ella me respondió:

-No! ¿Cómo crees? A mí me gusta como trabajas; dame tú número…

Ella se convirtió en mi primera clienta, y con el tiempo me fue recomendado a otras señoras, y ellas a otras… Así fue como inicié por cuenta propia mi propio emprendimiento de limpieza de casas.

Ahora podía manejar mi propio tiempo; me organizaba para llevar y recoger a mi hija en la escuela.

Por su parte, mi esposo estaba muy contento, pues su trabajo le gustaba. Algo que siempre he admirado de él es su inteligencia; él sólo tuvo la oportunidad de estudiar hasta la prepa, ya que sus padres no tenían la posibilidad de apoyarlos a todos, y le dieron la prioridad a su hermano que iba a estudiar para sacerdote.

Sin embargo, yo siempre lo impulsaba.

- ¿Por qué no vas aquí a la escuela? - le preguntaba

Me sentaba a observarlo trabajar; me gustaba mucho escucharlo hablar en inglés y ver como leía lo planos y distribuía las casas: que hay que poner esto aquí, que la electricidad…

Todo eso lo ayudó a escalar en el trabajo; de ser mano de obra pasó a ser mano derecha del supervisor, y luego se hizo él supervisor.

Entramos al equipo de soccer e íbamos a los partidos todos los viernes y sábados; estábamos muy bien económicamente, mi niña seguía creciendo y teníamos muy buenas amistades en el edificio donde vivíamos. Éramos como una gran familia.

8. "Ve a donde quieras estar"

Hoy en mi vida adulta tomo la responsabilidad de crear la vida que yo elijo…

Aide Anaya

A los 3 años de estar ahí, Efrén y yo comenzamos con la idea de comprar una casa; para ese momento nuestra relación era muy padre: éramos muy amigos, trabajábamos juntos, nos admirábamos, convivíamos en todo, salíamos…

Una de mis amigas de la secundaria me había contactado porque quería venirse para acá y yo la recibí en mi departamento; al tiempo ella se hizo novia de un amigo nuestro y se mudaron a vivir justo en frente de nosotros.

Luego se vino también una sobrina de Efrén con su esposo; ellos no tenían hijos y se habían encariñado mucho con mi niña. En total, ya éramos 3 parejas de amigos para salir juntos y compartir.

Yo acababa de cumplir mis 24 años y estaba muy activa en mi equipo de soccer, pero comencé a tener algunas complicaciones de salud y fui a hacerme un chequeo médico. Después de examinarme, la doctora me explicó:

-Te voy a poner un tratamiento, pero si no funciona vamos a tener que operarte para prevenir, y no vas a poder tener más hijos.

En otras palabras, me iban a remover el útero. Cuando le platiqué esto a mi esposo, acordamos tener otro bebé y yo acepté. Él siempre fue muy amable conmigo, pero comenzó a esmerarse aún más en atenciones hacia mí, y eso me ayudó a tener menos resistencia; en un mes quedé embarazada.

El día que me hice la prueba llegué emocionada a darle la noticia, pero él estaba tomando una ducha, así que le dije a través de la puerta:

-Tengo una sorpresa para ti...

Pasé la prueba de embarazo por debajo de la puerta, y unos instantes después lo escuché gritar de emoción.

Disfruté mucho este embarazo; todos nuestros amigos estaban súper felices y me tenían muy consentida; lo único que no me gustó fue que no pude jugar en la final de soccer.

Yo tenía muy malos recuerdos del trato que recibí en el Medical, y por nada del mundo quería que me atendieran ahí; en esta ocasión Efrén tenía una solvencia económica que nos permitía pagar un mejor seguro de salud.

-No te preocupes- me dijo él- Vamos a pagar nosotros las consultas y todo lo necesario.

Ambos habíamos decidido disfrutar este embarazo; mi esposo quiso acompañarme a los ultrasonidos, y recibimos juntos la noticia: nuestro nuevo bebé sería una niña.

Mi hija mayor había nacido en medio de muchas carencias, pero esta nueva bebita nos encontró en mejores condiciones, y tuvo hasta un baby shower que organizaron nuestros amigos, con montones de regalos; como dicen, traía "la torta bajo el brazo".

Pasaron los 9 meses; aquel domingo me habían contratado para limpiar unas oficinas; era algo sencillo y tampoco nos venía mal un dinero extra, así que acepté, pero comencé a sentirme extraña y llamé a mi esposo:

-Creo que ya va a nacer nuestra bebé…

De todos modos, no quise ir al médico en ese momento, pues prefería esperar a que las contracciones fueran más intensas. Ya en la madrugada no aguantaba los dolores; la sobrina de Efrén se había ofrecido a acompañarme, pero Efrén y yo elegimos estar nada más nosotros; dejamos a nuestra hija mayor con mi amiga para que la cuidara y nos fuimos para que me atendieran.

El hospital era un edificio casi nuevo y con mucha tecnología; comenzaron a prepararme y entré en labor de parto; mi esposo soportó pellizcos, mordidas y todo lo que una mujer con contracciones puede hacer, pero él estaba feliz de poder participar de todo el proceso, ya que en mi primer parto no se lo permití.

Nació nuestra bebé y a él le tocó cortar el cordón umbilical; a las 3 horas ya me pude dar un baño con agua calentita, y después me pasaron a otro cuarto, donde había otras pacientes.

Ésta vez no me quitaron a mi niña, y Efrén estuvo a mi lado todo el tiempo; me recuperé tan rápido que al día siguiente ya estábamos de regreso a casa con la nueva integrante de la familia.

Habían pasado 10 años desde que nació nuestra primera hija, pero Efrén no dejaba de ser un padre ejemplar: al llegar del trabajo se hacía cargo de la bebé para darme mi tiempo; él era quien la bañaba, y en las noches le cambiaba los pañales y le daba el biberón, sin importarle si tenía que madrugar al día siguiente.

Llegó el momento de elegir los padrinos para la niña, y seleccionamos de nuestro grupo de amigos a una pareja muy querida, muy lindas personas, con quienes nos unía una amistad entrañable que ha perdurado hasta el día de hoy.

Nuestro nivel económico mejoraba cada vez más, pero aunque yo trabajaba, Efrén nunca me exigió aportar; ni siquiera me preguntó jamás cuánto ganaba en mi trabajo. Mi dinero era para mí; yo lo usaba para ayudar a mi mamá y para comprarme lo que yo quería.

Ya con dos hijas, mi esposo consideró que había llegado la hora de comprar una casa; lo que no sabíamos era que para eso se requerían puntos y créditos que aún no teníamos, así que así empezamos rentando, mientras él hacía pagos y liquidaba ciertas tarjetas para que su crédito se elevara.

Un día él regresó del trabajo más feliz que de costumbre, y me entregó un ramo de rosas blancas que traía colgando una llave.

-Acompáñame a conocer tu casa…

Nuestro nuevo hogar quedaba muy cerca de donde estábamos; llamamos a la familia y a los amigos para hacerlos partícipes de nuestro logro y empezamos a planificar la mudanza.

Decidimos hacerle algunos arreglos y nos mudamos en octubre, para el cumpleaños N° 14 de mi hija mayor, pero Efrén también cumpliría años el mes siguiente, y hacía mucho tiempo que no veía a sus padres, así que sus hermanos se pusieron de acuerdo y les arreglaron las visas.

Para el día de su cumpleaños organizamos hacer una Bendición de nuestra casa con músicos y demás, y ese mismo día llegaron mis suegros de sorpresa. Literalmente "echamos la casa por la ventana".

Los padres de Efrén se quedaron con nosotros 5 meses, y parecía imposible que las cosas pudieran ir mejor; sin embargo, yo empecé a notar que últimamente él me hablaba con frecuencia de una persona que había entrado a trabajar con él en la constructora.

-Es que ella y su familia son muy buenas personas- me decía cada vez, y un día hasta me trajo un cheesecake muy rico que ella vendía.

Aparentemente todo estaba normal; incluso al poco tiempo me regaló un Volkswagen nuevecito, y hasta lo escogió gris, mi color favorito.

En el tiempo que estuvieron sus padres salíamos a pasear, fuimos a la nieve, fuimos a Los Ángeles también. Durante esos meses vivíamos como en una fiesta constante; mi relación con mi suegra estaba de lo mejor, ella cocinaba para todos y constantemente desfilaban por mi casa sus amigos, sus hijos, sus nietos; todos querían pasar con mis suegros el mayor tiempo posible.

Aparentemente, las cosas seguían como siempre, sólo que yo lo notaba últimamente como muy contento; hasta la ropa de trabajo la quería ahora bien planchadita y salía muy bañadito, muy perfumadito... Se esmeraba.

Cuando llegó el momento de que mis suegros retornaran a México, Efrén les anunció que los traería de vuelta para celebrar los 15 años de nuestra hija y nuestro matrimonio eclesiástico; yo me quedé tan emocionada como sorprendida con la noticia, pues él no me había comentado nada al respecto.

Mientras tanto, pasaba el tiempo y él seguía hablándome de aquella mujer de los cheesecakes. Yo me decía:

-Pues ella trabaja con él y por lo visto es una buena compañera…

Decidí entonces tener un gesto de cortesía, y le dije a Efrén que la invitara a nuestra casa; ella vino con su hermana y compartimos una tarde cordial.

Unos meses después cumplía años mi cuñada; yo aún no sabía si iríamos a la celebración, y entonces la sobrina de Efrén se ofreció a llamarlo para preguntarle…

-Pues déjame ver que dice "aquella"- escuché que él le respondía del otro lado del teléfono.

- ¿"Aquella"? -pensé- O sea… ¿yo?

Las mujeres tenemos un sexto sentido, y en ese momento se me encendieron las alarmas; inmediatamente adiviné:

-Él estaba con esa mujer; ella estaba escuchando por el walkie - talkie.

Entre nosotros siempre hubo respeto y confianza; nunca nos invadimos nuestros espacios ni mucho menos nos revisábamos los celulares; sin embargo, en vista de lo ocurrido yo decidí investigar.

Él tenía todos sus papeles y documentos de trabajo en un cuarto de la casa que era como su oficina; entré allí y comencé a revisar: el recibo telefónico registraba un montón de llamadas al mismo número, en las madrugadas y durante el día.

Luego pasé a mirar los estados de cuenta de la tarjeta de crédito y aparecían registrados algunos pagos de hotel; sentí que me hirvió la sangre, pues obviamente no había ido conmigo.

Empecé a armar el rompecabezas: analizar fechas, recordar en dónde estaba yo ese día, qué hice…

Él llegó tarde más tarde de lo habitual, y yo decidí encararlo:

- Efrén… ¿Qué está pasando?

Muy ofendido me respondió:

- ¿Qué estás inventando? ¿Estás loca?

Pero ya yo había visto evidencias, así que le dije:

- ¿Sabes qué? Mejor vete a donde te sientas a gusto

Él no se la pensó dos veces: inmediatamente agarró su computador y sus cosas, y se fue.

9. El mundo en pedazos

Salir de la oscuridad a la luz es un proceso!
Pero lo puedes lograr…

Aide Anaya

Me había quedado en shock; se me vinieron miles de imágenes, recuerdos, pensamientos… Estábamos tan bien! Hasta ese momento habíamos sido el matrimonio más popular: teníamos solvencia económica, dos hijas hermosas, una casa nueva; estábamos estables, él era muy trabajador y yo mantenía el hogar organizado e impecable…

¿Qué pudo salirnos mal?

La respuesta era obvia: yo no le cumplía a mi esposo en la intimidad, y él había encontrado a alguien que por fin le daba lo único que yo no podía darle.

Comprender esa verdad fue muy doloroso para mí, pero al mismo tiempo fue muy liberador.

Pasó una semana y él no volvió a la casa; un día cuando regresé del trabajo me encontré con que había venido en mi ausencia y se había llevado todo: su ropa, los carros, las camionetas, las joyas y otras cosas de valor. También me retiró todo el apoyo económico. Sólo dejó un dinero que habíamos guardado en efectivo, y gracias a eso mis hijas y yo pudimos sobrevivir durante algunos meses.

Esperé algunas semanas a ver si él recapacitaba, pero nada cambió; entonces decidí ir a la corte y a partir de allí empezamos una guerra campal.

Al poner yo los papeles en la corte me otorgaron la custodia total mientras se llegaba la fecha de la audiencia, que tardaría como un mes; teníamos que cumplir con ciertos requisitos y finalmente nos presentamos ante el juez; el dictamen fue que las niñas debían compartir con su papá 1 fin de semana cada 15 días.

A mí se me activo el miedo: primero la separación, ¿y ahora tenía que dejar ir a mis niñas?... ¿a dónde?... ¿con qué gente?

Yo pensé:

- ¿Qué voy a hacer? Tengo 2 hijas, ¿cómo las voy a cuidar para que no las dañen como me dañaron a mí?

Nuestra hija menor tenía tan sólo 3 añitos, así que comencé a instruir a su hermana de 14 para que la cuidara:

- Cuando vayan con tu papá no te separes de ella; tú eres mis ojos.

Ella sabía a qué me refería, pues yo siempre le exigía que estuviera donde yo pudiera verla; literalmente, no le quitaba los ojos de encima, y ahora la estaba forzando a hacer lo mismo con su hermana.

Comenzó el régimen de visitas. Ese primer fin de semana yo sentí que me moría; él vino con su nueva mujer y me trató con una frialdad que nunca le conocí. Pensé que podían estar provocándome, pero yo estaba consciente de que las leyes aquí son muy estrictas y si no me controlaba podía salir perjudicada, así que mantuve la calma.

Por el contrario, comencé a acosar con preguntas a mi hija mayor:

- ¿A dónde fueron?, ¿con quién?, ¿dónde dormiste?, ¿y tu hermana?, ¿qué hicieron?...

Mis hijas estaban sufriendo por no tener a su papá, y encima yo les puse ésa carga tan pesada a las dos, pues vigilar era tan desgastante como ser vigiladas.

Entré nuevamente en depresión.

Un día me fui a buscar a esa mujer con la que él estaba y le dije:

- ¿Tú tienes padres?

-Si…

- ¿Y a ti te hubiese gustado que hicieran con tus padres lo que tú le estás haciendo a mis hijas?

Ella se quedó callada, se dio la vuelta y se fue.

Efrén se enfadó mucho y vino a reclamarme; empezaron a salir historias: que "tú me hiciste...", que "yo te hice..."

- ¿Por qué si pasó una situación en nuestra vida no la enfrentaste en ese momento? ¿Por qué esperaste tantos años?

-Bueno, yo no te enfrenté, pero ahora es diferente...

A los cinco meses de estar sobrellevando toda esa presión, colapsé: sufrí una crisis nerviosa acompañada de parálisis facial. Efrén entonces se dio cuenta de que las cosas habían llegado demasiado lejos y se tranquilizó; comenzó a ser menos agresivo y el proceso en la corte se volvió más conciliador.

Finalmente logramos el acuerdo: él comenzó a pagar la manutención de las niñas y un monto que por ley me correspondía y que obviamente, con la economía que él tenía, era muy buen dinero.

En abril yo estaba cumpliendo 30 años, y ese mismo mes nos divorciamos; para mí fue como un renacer: me sentí feliz al verlo a él libre del fantasma que arrastró junto a mí durante 14 años.

Me dolió, me seguía doliendo, pero lo liberé y me liberé.

Bien dice el dicho que nadie sabe lo que tiene hasta que lo pierde; ahora recordaba cada momento vivido al lado de Efrén; en esa etapa yo me había sentido tan segura, que si alguien me hubiese preguntado si alguna vez nos divorciaríamos me hubiera reído a carcajadas.

Éramos de los que pasaban la noche en el carro escuchando música, o disfrutando un café en la sala mientras él me platicaba de su trabajo y me contaba sus proyectos; todos los fines de semana nos llevaba a comer o cocinaba él, y por cierto lo hacía de maravilla; de hecho, yo le pasé muchas recetas, y en varias ocasiones las preparó para la cena de Navidad o el día de Acción de Gracias.

Por el contrario, yo nunca tuve el hábito de cocinar todos los días, y no era muy creativa; sólo preparaba lo habitual: un sandwich o algo sencillo, sin complicaciones. Lo que sí me gustaba era hacer antojitos, pues era algo muy práctico.

Realmente él siempre fue muy considerado y consentidor; en la temporada de calor, me llamaba cuando yo iba camino al colegio a buscar a mi hija:

-Compra algo de comer, vete a la casa con las niñas y pon el aire acondicionado.

En el invierno era igual: él llevaba a nuestra hija al colegio y me decía:

-No te levantes, que está haciendo mucho frío…

Cuando nos separamos, él había llegado a obtener el reconocimiento por parte de su familia por tener un matrimonio estable, además de ser buen padre, buen hijo, buen tío; todos lo respetaban mucho, y ahora la fractura de nuestra relación quedaba al descubierto a los ojos de todos.

Por eso, en el fondo, yo lo admiraba por lo que hizo; él sabía lo que quería y no estuvo con juegos. De hecho, esa entereza fue lo que me motivó a mí a buscar la ayuda terapéutica que no procuré a tiempo; así como él estaba retando al mundo entero por su felicidad, yo también estaba dispuesta a hacer lo que fuera necesario para no sentir más ese dolor que estaba sintiendo.

Alguien me habló del famoso Programa de 12 Pasos, y decidí averiguar de qué se trataba. En medio de las sesiones surgió nuevamente el tema de mi violación, y entré en una fase de seguimiento debido a eso; poco a poco las cosas comenzarían a tener sentido para mí.

Llegó el mes de diciembre, y mi hija mayor me dijo que quería viajar a México; ella aún recordaba el tiempo que estuvimos allá cuando era niña, y quería volver.

Efrén le compró su boleto y fuimos juntos a llevarla a aeropuerto, pero al regreso él comenzó a platicarme que se sentía confundido, que extrañaba a nuestras hijas y que había pensado en regresar con nosotras al hogar.

Yo le dije que no; sin embargo, a los días llegó a la casa. Para ese momento ya teníamos una relación fraternal, y él no estaba planteando regresar conmigo como mi pareja, sino como el papá de las niñas, y además porque esa también era su casa; a fin de cuentas, tenía derecho a estar allí.

Yo estaba decorando la casa para Navidad y él se puso a arreglar el jardín; teníamos un pequeño gimnasio en el garaje y se puso a limpiarlo también; de pronto se me quedó viendo y me dijo:

-Es que yo no sé qué hacer.

- ¿Cómo que no sabes qué hacer?

-Ella está embarazada.

-Ok! Felicidades! Vuelvo y te repito: ve a donde tú quieras estar.

Se quedó con nosotras un tiempo más, y luego empezó a ir algunos días con ella y regresaba de nuevo aquí; era como si no quisiera alejarse por completo esta vez.

Nuestro trato era muy cordial, pero no teníamos ningún acercamiento; yo no le cocinaba ni lo atendía, pues él se hacía sus cosas; lo único que quería era convivir con sus hijas.

El embarazo de su mujer seguía avanzando, y cuando finalmente llegó el tiempo en el que iba a nacer su bebé, una vez más eligió irse.

En ese momento hubo un quiebre en la economía del país y se inició un período de recesión; las cuotas de la casa aumentaron de la noche a la mañana y ya no fue posible pagarlas, así que la perdimos, al igual que muchos hispanos.

Me mudé a un departamento y comencé a tener una relación más cordial con él y con su pareja, pero él empezó a sentirse enfermo y al poco tiempo le diagnosticaron cáncer; en medio de tantas calamidades sus finanzas se desplomaron y ya no podía pagar la manutención.

Yo siempre había trabajado, pero no más de 3 o 4 días durante la semana, y no porque necesitara hacerlo, sino para no quedarme en casa; ahora todo era diferente, y debía pensar seriamente en generar mis propios ingresos.

A pesar de la crisis yo había continuado en el equipo de soccer; allí conocí a una chica con la que empecé a tener lazos muy estrechos. Ella comenzó a ir a mi casa, era muy amable y cortés y a mis hijas les cayó muy bien.

A mí no se me había pasado por la mente que a ella le gustaran las mujeres, pero de pronto comencé a sentir que ella intentaba conquistarme; ya habían pasado dos años desde mi divorcio, pero yo había puesto una barrera: no estaba dispuesta a permitir que ningún hombre se acercara al espacio que compartía con mis hijas; no recibía visitas ni siquiera de mis amigos, pero con ella me sentía diferente.

-No hay peligro- pensé- ella no va a atacar a mis hijas.

Y decidí abrirme a esa relación.

Ella se mudó con nosotras; fue muy padre sentirme de nuevo acompañada por alguien que me apoyaba, cuidaba a mis hijas y me ayudaba a protegerlas, pues para mí era bien estresante tener que ir a trabajar y además estar pendiente de que no les pasara nada.

Ya en ese momento se hablaba bastante de este tipo de relaciones; mi hija mayor había estudiado eso en su escuela y además tenía amigos y amigas en relaciones similares.

Había más información y menos prejuicios, pero aun así, empezaron a surgir los rumores:

-Pues mírala, ya salió del closet!

Las personas te etiquetan y te descalifican, pero nadie sabía lo que yo pensaba, lo que yo sentía.

Decidí que no iba a esconder mi relación; yo sabía que esto era una bomba de tiempo, mucha gente me conocía de mi vida anterior y también a mi familia, así que mi elección fue decirles a todos, porque prefería que lo supieran por mí y no por otras personas.

Lo primero que hice fue hablarle de ella a mi círculo más cercano; Efrén se enteró porque mi hija menor le dijo que mi nueva pareja estaba viviendo en la casa; sin embargo, no me cuestionó nada.

Mi cuñada, con la que siempre me había llevado muy bien, me dijo:

-Bueno, yo no entiendo que está pasando, pero adelante! Cuídate y cuida a mis sobrinas.

Mis compadres y la sobrina de Efrén se enteraron también, pero jamás hicieron ningún comentario agresivo.

Empezamos a ir juntas a reuniones y fiestas, y todos comenzaron a aceptarla muy bien; sin embargo, me faltaba la prueba de fuego:

- ¿Cómo le digo a mis padres?

Poco a poco me fui sintiendo más confiada para hablar con ellos acerca de mi relación; con mi papá me comunicaba de vez en cuando por video llamadas, pero a mi mamá la llamaba cada dos días, y siempre me preocupó más su respuesta que la de mi padre, así que decidí comenzar por ella:

-Fíjate mami que conocí a una chica, y pues estamos viviendo una relación…

Mi madre muy tranquila me dijo:

-Pues… yo no sé, quizás en este momento yo no entiendo la modernidad, pero si tú estás feliz, está bien.

Yo estaba muy sorprendida; jamás esperé esas palabras.

Cuando todos me preguntaban por la reacción de mi madre, yo bromeaba diciendo:

- Mi madre va a ir todos los días a la iglesia y pondrá a todos los santos de cabeza para que yo vuelva al camino correcto…

Pero, obviamente, yo estaba en paz con su aceptación.

Después le dijo a mi papá:

-Tengo algo que compartirte: conocí a una chica, me he involucrado sentimentalmente con ella, estamos viviendo juntas.

Mi padre me respondió:

-Hija, si tú eres feliz, todo está bien. Cuida a mis niñas y cuídate tú; eso no cambia nada, tú sigues siendo mi hija y te amo.

Pasaron algunos años y todo marchaba muy bien: ella era muy apapachadora, muy consentidora, de verdad me cuidaba mucho; cuando yo llegaba cansada del trabajo me hacía masajes en mis pies, en mi espalda, si yo estaba enferma me cuidaba cañón, y por si fuera poco, cocinaba delicioso.

10. ¿Qué está pasando?

Los eventos de mi pasado no definen mi esencia!

Aide Anaya

Realmente no sé qué pasó, pero al algún momento empezó a quebrarse la relación, y nuevamente el conflicto estaba en mí. Ya no me sentía cómoda; se me empezaron a revelar cosas a través de sueños y empecé a sentir rechazo hacia ella.

Honestamente, no tuve el valor de hablar, decirle que aquello ya no me estaba gustando, que no sabía lo que me estaba pasando; allí comenzó el quiebre, porque yo cambié.

Yo simplemente lo sobrellevaba; me enfoqué en la buena convivencia que teníamos, aparte de que ella se desvivía por mis niñas y las cuidaba mucho.

Yo trabajaba todos los días y a veces salía muy tarde; ella nunca quiso aprender a manejar, pero caminaba una distancia bastante larga de donde vivíamos al colegio para recoger a mi hija menor.

A raíz de mi divorcio mis niñas habían experimentado ciertas crisis; la más grande tuvo conflictos emocionales que afectaba su conducta, y la más chiquita comenzó a sufrir de asma; en ocasiones teníamos que ir de emergencia al hospital y quedarnos hasta la madrugada, pero ella me acompañaba sin importar que a la mañana siguiente tenía que trabajar.

Cuando nos conocimos ella tenía su cabello largo, y tres años después se lo cortó para donarlo a los niños con cáncer; su aspecto cambió completamente y ahora se veía más masculina, por lo que mis hijas comenzaron a llamarla Daddy; hasta el día de hoy le dicen así, y créanme que se lo ganó.

Sin embargo, yo había comenzado a alejarme, poniendo cada vez más barreras sin mayores explicaciones, y ella por supuesto no entendía qué estaba pasando; al transcurrir el tiempo, el quiebre entre nosotras era cada vez más evidente.

Entonces, de protectora se convirtió en celosa; se desvivía tanto por mí que no quería que nadie se me acercara, y por supuesto yo comencé a sentirme asfixiada y empecé a buscar vías de escape.

Yo manejaba muy bien los tiempos de mi trabajo y siempre tenía la oportunidad de ir a tomarme un café con mis comadres o hablarnos por teléfono, pero al llegar a casa ella estaba frenética y comenzaba a interrogarme:

- ¿A dónde fuiste? ¿Con quién estabas?

Llegó al grado de enfadarse si yo hablaba con alguien; me acosaba para que me alejara de todo y de todos; dejamos de salir y nuestra vida social prácticamente desapareció; comenzó una etapa de caos, e incluso violencia; la situación se salió completamente de control.

Para colmo, a ella le gustaba el alcohol; un día que había bebido comenzó un pleito, me sacó de mis casillas y nos dimos un agarrón por un momento, pero me contuve porque mi contextura era más fuerte y en verdad la hubiera lastimado. Estuve a punto de llamar a la policía, y en ese momento entendí que tenía que tomar una decisión:

-Ya no más. Hasta aquí.

Llamé a un familiar de ella y a mi comadre, y cuando ella ya estuvo sobria conversamos.

-Para mí éste fue el límite; yo no quiero ser esto.

Para mí, después de lo ocurrido se rompió toda posibilidad; seguimos sobrellevando las cosas, la vida... Pasó otro año, y después de mucho tiempo vino su madre a visitarla. A mí siempre me ha gustado tratar bien a las personas, recibirlas; convivimos con ella, y pude darme cuenta de que no aceptaba a su hija, algo así como "está bien, eres mi hija...pero mantente lejos".

Eso fue doloroso, pero me permitió entender por qué ella tenía tanto apego a nosotras; recuerdo que cuando yo decidí vivir esa relación abiertamente, le había dicho;

-Si tú no fueras importante para mí, no estaría apostando todo por esto, a ciegas; tan sencillo como que hubiésemos tenido algo, pero sin que nadie supiera.

Nuestro distanciamiento seguía y yo decidí retomar mis terapias; en mis sesiones empecé a descubrir qué era lo que me estaba pasando, pues nuevamente surgió aquel recuerdo que arrastraba como un fantasma desde mi infancia y que venía cargando por años.

Por fin descubrí de dónde veía esa incomodidad, esa sensación de no encajar; era algo que yo sentía pero que no comprendía; sabía que algo me pasaba, que había sufrido una violación, pero hasta la fecha no había podido recordarlo en detalle.

Por ese tiempo me contrató una pareja para la limpieza; ambos trabajaban desde su casa, pero yo me concentraba en mi trabajo y todo marchaba bien. Un día llegué y la señora no estaba; el señor salió del estudio, se me acercó por detrás y comenzó a tocarme; yo intenté soltarme, pero él me agarró con más fuerza y comenzó a apretarme.

Yo comencé a sentir mi corazón latiendo con mucha fuerza y algo que se revolvía en mi estómago, mientras pensaba:

- ¿Qué está pasando?

Al escuchar la respiración de este hombre detrás de mí, pude ver como en una película todo lo que viví cuando tenía apenas 7 años; fue como si se me cayera un velo de los ojos… No sé qué hice o qué dije, pero mi atacante me soltó y pude huir.

La casa quedaba en una loma; yo salí corriendo, me subí a mi auto y no me detuve hasta que salí a la carretera; allí me puse a llorar. No podía hablar, sólo pensaba en aquella sensación: el frío, mi corazón latiendo tanto y el vértigo en mi estómago.

- ¿Qué me está pasando?

Estaba enojada conmigo misma; sentía odio, asco y frustración por no haberme defendido; sin embargo, comencé a tener sueños y pesadillas en los que podía ver imágenes difusas de aquel recuerdo que necesitaba reconstruir.

No tuve el valor de contarle a mi terapeuta lo que me había pasado, y semanas después abandoné nuevamente mis sesiones; estaba enojada conmigo misma, pues me sentía culpable.

- ¿Por qué no paraste? - me reprochaba a mí misma- ¿Por qué no te defendiste?

En casa, el alejamiento con mi pareja iba de mal en peor, y otra vez llegué al punto de:

-No te me acerques! No quiero nada.

Nuestros conflictos se agudizaban; no sólo se había abierto un abismo entre las dos, sino que ella se ponía cada vez más posesiva, y le había dado por inventar que yo andaba con un hombre, cuando eso era lo que yo menos pensaba. De haber sido por mí, me habría encerrado en una cajita, donde nadie me tocara…

-No me quiero romper… no quiero que me lastimen… no quiero sentir dolor….

Le propuse que fuéramos a terapia, pero no con la idea de seguir juntas, pues ya estábamos en la fase de decidir si se iba ella o me iba yo; sólo pensé que si la relación se estaba terminando, lo mejor era hacerlo de la mejor manera, y no destruyéndonos mutuamente, como había ocurrido con mi divorcio.

Contacté a un especialista que trabajaba con parejas del mismo sexo; empezamos nuestras sesiones y estuvimos en tratamiento cerca de 8 meses. Yo ya estaba familiarizada con los procesos de terapia; creía en ello, había visto y sentido cambios.

Manejamos muchas cosas: sus celos, sus maneras de ser, la falta de comunicación y de confianza; sin embargo, yo no fui capaz de soltar lo que realmente me pasaba. Aquel secreto se había vuelto a encapsular; me lo tragué otra vez.

El ataque que acababa de sufrir en mi trabajo había revivido el recuerdo aparentemente olvidado de mi violación; se habían encendido mis alarmas y otra vez estaba a la defensiva: no quería que nadie se me acercara; desconfiaba de todo el mundo, hasta de mis clientes.

Culminamos la terapia, y seguían pasando los meses, pero nada cambiaba; continuaban las discusiones, los pleitos… No sé cómo le hacía para espiarme, pero siempre estaba enterada de todos mis movimientos; sabía con exactitud a quién veía, con quién hablaba… Era como si me hubiera instalado un chip; hasta pensé que me había hackeado el celular.

Entonces me le planté:

- ¿Sabes qué? Las cosas son así; yo no pienso dejar mi entorno de amistades. Si tú no encajas o no quieres encajar, está bien; yo disfruto estar con ellas, me siento a gusto: desde que entro a la casa de mi comadre, ella me ofrece un café y me atiende de lo mejor, a mí eso me gusta y yo quiero estar ahí. Lo mismo con mi otra comadre: desde que le hablo, desde que me da los buenos días, siento que quiero hablar con ella. Si tú no puedes ver eso, si no lo puedes aceptar, lo siento.

Se acercaba mi cumpleaños y yo quería celebrarlo como siempre lo había hecho, a pesar de que en otras ocasiones ella lo había echado a perder todo con su acoso y su desconfianza:

- ¿Quién te llamó? ¿Para quién te arreglas tanto?

Ese año también fue un caos, pues comenzamos a discutir delante de todos; mi comadre la llevó aparte y le dijo:

-Si ya no estás bien con ella, ¿por qué no la dejas? ¿por qué no te vas?

Y a mí me llamó al día siguiente:

- ¿Qué te está pasando? Tú no puedes seguir así.

Ahora no sólo tenía que aguantarme los problemas dentro de casa, sino también la vergüenza debido a los conflictos con mi pareja.

De nuevo el estrés comenzó a hacer de las suyas y empecé a enfermarme; al principio me sentía mareada, pero no era la primera vez, pues anteriormente ya me habían dado vértigos; sin embargo, ésta vez eran persistentes, así que decidí ir al doctor.

Comenzaron a hacerme preguntas, análisis, y me diagnosticaron una anemia extrema; me hicieron un ultrasonido de emergencia, y entre las cosas que me dijo la doctora, me preguntó que cómo estaban siendo mis periodos; en efecto, le expliqué que eran excesivos, con mucho sangrado.

Yo no entendía qué relación podía tenía esto con lo que me estaba pasando, pero en el ultrasonido se detectaron unos fibromas, es decir, unos tumores benignos que se producen en el útero, y se alimentan de la sangre; en mi caso ya estaban muy desarrollados, así que debía operarme urgentemente.

La cirugía requería mínimo de dos semanas de reposo, y yo era quien llevaba casi todos los gastos de la casa; mi pareja me apoyaba bastante en los cuidados de mis hijas, pero realmente quien tenía la carga familiar era yo; mis hijas eran mi responsabilidad; yo manejaba mis gastos y yo los enfrentaba.

Mi sistema de vida era el de la mayoría:

trabaja-trabaja-trabaja… paga-paga-paga…

Recientemente acababa de comprar un auto a crédito, y después de su graduación mi hija mayor me anunció que su novio le había pedido matrimonio, así que mi foco en ese momento era organizar la boda.

-Doctora- le dije- Yo no puedo dejar de trabajar.

Ella me indicó unos medicamentos, pero no funcionaron, y al tiempo me repitieron los análisis y mis valores seguían empeorando... Mi cirugía no podía esperar.

Antes de operarme, la doctora me remitió al hospital para una transfusión de sangre; entonces me di cuenta de que la cosa iba en serio: si no me retiraba por 2 semanas del trabajo, podía perder la vida.

Comencé a organizarme para ver de qué manera podía pagar mi cirugía; era un procedimiento costoso y yo no contaba con una cobertura de seguro, pero me pusieron en un programa y gracias al apoyo de mi ginecóloga me asignaron uno de los mejores hospitales en Berkeley, donde ella trabajaba.

Ya me estaban preparando para la cirugía, pero justo antes de recibir la anestesia algo pasó en el quirófano y se suspendió.

La doctora me dijo:

-Puedes esperar una semana más con los síntomas y el malestar, o te damos algo para aliviarte, pero en ese caso tendríamos que reprogramar la operación cuando ya te hayas desintoxicado de los fármacos.

Yo preferí aguantarme los síntomas, los mareos y las contracciones, y a la semana regresé al hospital para que me hicieran la cirugía.

A pesar de que estábamos en una etapa de quiebre, mi pareja se había ofrecido a acompañarme al hospital.

-No, gracias – le había dicho yo- No me acompañes; no quiero que estés conmigo.

Afortunadamente ella decidió no hacerme caso, y estuvo a mi lado a pesar de toda mi soberbia.

En el fondo yo tenía mucho miedo: mi familia no estaba aquí conmigo y yo no confiaba en nadie más; cuando ya me llevaban al quirófano, tomé sus manos y le dije:

- Si algo me pasa, te pido que cuides de mis hijas…

11. La línea recta

Yo soy la creadora de mi verdad…

Aide Anaya

Todo salió bien; pasé sólo una noche en el hospital y regresé a mi casa para la recuperación; dos semanas después ya estaba de nuevo de regreso a mis rutinas.

Después de toda esa tensión estaba lista para retomar mi trabajo con más energía, pero unos meses después aún continuaba sintiendo ciertos malestares y fui de nuevo a chequearme. Los análisis reflejaron que la anemia aún continuaba, pero… ¿cómo?

La doctora estaba consternada: ella misma me había operado, me habían removido lo que se debía remover, me habían medicado. Después de mi operación dejé de menstruar, así que esta anemia persistente ya no podía ser ocasionada por mis abundantes menstruaciones.

Me revisaron con la cámara el estómago para verificar que no hubiera algo allí que estuviese sangrando, pero no encontraron nada; los especialistas no se explicaban por dónde se estaba yendo mi sangre para que mi hemoglobina estuviera tan baja, así que me volvieron a hacer un ultrasonido y... ¡sorpresa!

Los fibromas estaban creciendo otra vez, sólo que ahora eran mucho más grandes.

Me mandaron otra vez a hacer todos los trámites, pues tenían que intervenirme de nuevo en dos semanas a más tardar; en la primera operación no me habían removido el útero, pero esta vez lo tendrían que hacer.

Yo había escuchado que la anemia se puede convertir en leucemia, y ahí es cuando te puedes morir. Yo aún estaba dentro del programa de salud y me volvieron a asignar el mismo hospital; mi pareja seguía allí, pendiente de cómo me sentía; me preparaba jugos y remedios caseros, y estaba todo el tiempo investigando en internet de qué otras maneras me podía apoyar.

La doctora me explicó que esta vez no me iban a hacer una cirugía tradicional, sino robótica; el procedimiento era mucho más sencillo, pues sólo iban a requerirse 3 perforaciones.

-Qué bueno que no me van a abrir! - pensé…

El día pautado llegué al hospital, me ingresaron al quirófano y me anestesiaron; lo último que recuerdo es haber visto un reloj en la pared…

Cuando volví a abrir los ojos, me encontré de nuevo con un reloj en la pared; habían transcurrido 10 horas! Yo no comprendía… ¿No se suponía que todo iba a ser más sencillo esta vez?

Me sentía mal, muy mal…

-Algo no está bien… tengo que avisarle a mi mamá!

Entonces vi que estaba en una habitación con muchas máquinas, y tenía un tubo en mi boca: me estaban poniendo oxígeno, pero además tenía suero… Levanté la mirada y vi que también me estaban poniendo sangre.

Entonces se acercó mi doctora y me dijo:

-Tal vez no vas a recordar esto que estamos hablando ahora; tuvimos algunas complicaciones durante la cirugía y ahora estás en cuidados intensivos, pero vas a estar bien... Ahorita va a entrar la chica que te acompaña; ella te quiere ver.

Entró mi pareja, y a pesar de que yo estaba medio inconsciente pude notar que le dio alegría verme; permanecí 4 días en cuidados intensivos y ella no se movió de mi lado.

Al quinto día me llevaron a otra habitación y me dijeron que ya me podía ir; no debía quedarme más tiempo, porque mis gastos los estaba cubriendo el programa.

Comencé a mejorar, dejé de sentir los mareos y empecé a ver la intensidad de lo que me había pasado: me habían abierto el estómago de lado a lado y aún sentía mucho dolor, pero no entendía por qué.

Mi pareja me explicó:

-Te estabas quedando muy dormida; la doctora comenzó a chequear tus signos en el monitor y de repente se puso casi en línea recta: estabas teniendo una hemorragia, y el robot no estaba programado para resolver esa situación. Tuvieron que abrirte de inmediato.

Imaginé cuánto habría sufrido ella presenciando lo ocurrido, y entendí por qué se esmeró tanto en cuidarme durante mi recuperación; realmente fue algo admirable que siempre le voy a reconocer como el gran ser humano que es.

En algunos momentos he sentido que no supe retribuir todo lo que ella hacía por mí, pues lamentablemente la persecución y el acoso de los últimos tiempos ya me habían llevado a un punto de no retorno. Sin embargo, todo el amor que ella me dio en su momento sigue teniendo más valor para mí que todos nuestros conflictos de los últimos años.

Esa crisis me permitió recordar su lado humano, pero yo no podía entender esa forma tan obsesiva de amarme, porque para mí el amor tiene que ser de otra manera. Amar no tiene nada que ver con acosar o perseguir a tu pareja, querer controlar sus amistades, revisarle su celular... Realmente no; no lo entiendo.

Posiblemente en el futuro se abra la posibilidad de sentarnos para un diálogo, porque obviamente se requiere un tiempo para procesar y aceptar una separación, al menos físicamente, porque emocionalmente ya llevábamos mucho tiempo separadas.

El estar físicamente juntas alimentaba en ella la esperanza de que íbamos a estar bien; en cambio, para mí era todo lo contrario: yo sabía que algo me incomodaba, y aunque no comprendía bien qué era, sabía que no quería continuar a su lado.

Aun así, no puedo olvidar su entrega, su apoyo, sus cuidados, y así se lo expresé en algún momento:

-Te amo y te reconozco por el gran ser humano que eres, pero ya no puedo verte como mi pareja; no lo siento, no lo vibro, no me funciona.

Después de esa experiencia decidí retomar las terapias; estaba decidida: quería de una vez por todas enfrentar al fantasma que habitaba dentro de mí.

Empecé a cambiar mis pensamientos; después de la boda de mi hija, tomé la decisión de ingresar a la escuela; me inscribí en clases de inglés, y mientras más aprendía, más quería saber. Literalmente, me quería comer el mundo!

Afortunadamente me encontré con un maestro extraordinario que me impulsó a irme a lo grande; de hecho, en el primer semestre recibí un reconocimiento por mi desenvolvimiento; me sentía súper feliz.

Durante toda mi vida, cada vez que me había tocado rellenar documentos, al llegar a mi grado de instrucción yo sólo ponía "primaria", pero siempre me dije que podía ir más lejos, y ahora lo había descubierto: quería superarme, quería estudiar.

Entré a la escuela de adultos y empecé a tomar clases más avanzadas, pues quería sacar mí diploma GED. Ya había tomado dos semestres de inglés, lo hablaba y lo entendía, pero no lo suficiente como para hacer un examen de ese nivel; por eso elegí inscribirme para continuar estudiando el idioma, y de nuevo me encontré con una maestra que percibió mi hambre de aprender y también me apoyó. Finalmente, un día me dijo:

-Ya estás lista para ir a tomar tus clases de high school!

Ya había aprobado 3 semestres, y cuando estaba preparándome para los exámenes del último semestre se presentó el nacimiento de mi nieta, entonces detuve ese proceso para dedicarme completamente al cuidado de mi hija; el nacimiento de mi primera nieta era uno de los acontecimientos más importantes de mi vida y no me lo quería perder.

Luego de dos o tres meses reanudé mis estudios; se abrieron muchas posibilidades, y además de ir a la escuela, comencé a confiar más en mí. Hasta ese momento mi ruta de todos los días era la misma: *trabajo*

- *escuela de mi hija - casa;* ahora me estaba atreviendo a conducir cada vez más lejos.

Tenía cerca de 20 años viviendo en la bahía, y nunca había ido a San Francisco a conocer el Golden Gate; siempre llena de miedo, encerrada en ese mundo que me dominaba y me gobernaba...

Mi hija mayor ya estaba haciendo su vida, y mi relación con mi hija más chiquita se volvió más estrecha. Ahora estábamos sólo las dos; ella también estaba cursando su high school, era porrista y también jugaba soccer y obviamente necesitaba desplazarse a otras ciudades.

Era ella quien me animaba:

-Mamá, tú puedes! Vamos!

Comencé a llevarla a sus competencias y a sumergirme en su mundo; de alguna manera yo me sentía culpable por haberla dejado tantas horas en el pasado, primero debido a mi trabajo y después por mis estudios; sin embargo, algo muy interesante pasaba ahora que yo también estaba en la escuela, y era que ahora ella y yo teníamos otros temas de conversación:

-Mira! Hoy aprendí esto... -Ayúdame con las matemáticas...

Ella siempre me apoyaba, y en una ocasión me dijo:

-Tienes que esperarte para que nos graduemos juntas el mismo año.

-Oh! No lo creo-le respondí- Yo me voy a graduar primero- Y nos morimos de la risa!

De alguna manera ella veía mis cambios, y para mí era muy emocionante ver su cara, sus expresiones; era como si pensara:

-Wow! Mi mamá está haciendo algo diferente.

Y seguíamos haciendo planes...

12. Ampliando mis horizontes

Hoy amo… rio… sueño…
veo infinitas posibilidades!

Aide Anaya

Nunca me había atrevido a cruzar hacia San Francisco; para mí era algo totalmente desafiante, porque yo le tenía un miedo al mar que ni en sueños, ni en mi imaginación me veía allí.

La primera vez que crucé sentí una liberación tremenda; me paré en el Golden Gate, miré a mi alrededor y pensé:

- ¿Por qué me he estado perdiendo todo esto?

Miré al cielo para dar gracias y me dije:

- Yo puedo hacer todo esto y más.

Empezamos a planear unas vacaciones en la playa; me habían comentado mucho de la Playa de Carmel en California; se lo comenté a mí hija y ella saltó de emoción:

-Sí mamá! Vamos!

Decidimos ir para su cumpleaños y quedarnos una semana; disfruté mucho ese viaje con mi hija; nos fuimos por la tarde y vimos juntas el atardecer.

A mí me ha gustado admirar la naturaleza y ver fotografías del mar, pero no había vivido esas cosas por mí misma; no podía creer la cantidad de cosas extraordinarias que me había estado perdiendo por tenerle miedo a todo…

Al regresar llené la solicitud para mis exámenes; no los hice en computadora, sino de la forma tradicional, a lápiz y papel; presenté cinco exámenes y fueron cinco semanas consecutivas de sufrimiento, pues cada semana recibía una tanda de resultados.

Aprobé la mayoría a la primera, excepto el último; me faltaron unos pocos puntos para pasarlo, así que lo retomé, me volví a inscribir, lo presenté y lo pasé. Para mí fue grandioso!

Algunas veces la vida nos pone ante pruebas extremas, para mostrarnos nuestro verdadero potencial. Hasta ese momento, mi ex pareja y yo habíamos continuado viviendo bajo el mismo techo y compartiendo todos los gastos, pero al verme completamente centrada en mi progreso personal, no aguantó sus celos y un buen día se marchó.

No puedo negar que sentí un gran alivio al verme libre de sus insinuaciones y su excesivo control, pero justo una semana después tenía que pagar la renta y no estaba preparada para asumirlo sola; entonces comprendí que la libertad tiene un precio. Me armé de valor y me dije a mi misma:

-El dinero va a llegar…

En una semana trabajé y reuní el monto que necesitaba.

-Wow!- pensé- Me he detenido tanto por lo económico, y mira todo lo que puedo hacer!

Empecé a sentirme con más valor, con más seguridad para decir ¡si puedo!

Mi graduación fue en junio; tuve mi ceremonia, estaban mis hijas, mi nieta, mis comadres que de alguna manera siempre estuvieron allí apoyándome. Recibí mi diploma, me paré allí en medio del salón y agradecí, porque durante años yo no reconocía lo que este país me había dado.

Durante mucho tiempo este había sido para mí el país del sufrimiento; siendo indocumentada, no había podido ver todas las posibilidades que este entorno me ofrecía: el aprender otro idioma, el lograr obtener un diploma aquí en los Estados Unidos.

Ahora, de la mano de mi terapeuta, yo veía las cosas de un modo muy diferente; la pregunta obligada era: ¿qué sigue a continuación?

Las posibilidades eran infinitas!

-Quiero seguir estudiando; me llama la atención la psicología.

Otro paso importante en mi vida fue poder pisar el colegio comunitario, para mí fue grandioso comenzar a hacer mis clases; todo pintaba muy bonito, pero al hacerme la revisión, casi al final del semestre, lamentablemente me rechazaron porque no tenía el estatus legal.

Sin embargo, no me di por vencida; para esos tiempos comencé a escuchar por internet un programa de la radio mexicana que exponía unos temas muy interesantes; llegaban invitados, terapeutas, hablaban de todo.

Allí empecé a escuchar que en México daban muchas certificaciones de coach y pensé:

- ¡Qué padre! Ojalá yo pudiese tomar una de esas certificaciones

Un día llegó una invitada, Alejandra Llamas, quien empezó a hablar del coach ontológico, y yo estaba encantada, pero cuando escuché que las clases se llevaban a cabo en la Ciudad de México, pensé que yo no iba a poder.

Al terminar el programa dieron sus redes sociales, y yo inmediatamente comencé a seguirla en Facebook; aproximadamente 2 semanas después me llegó la información sobre una certificación que ella iba a dictar en San Francisco; recuerdo que tuve que leerlo varias veces, porque no lo podía creer.

Yo ya había ido a San Francisco enfrentando mis miedos, así que tomé la información, mandé el correo electrónico, me contactó la persona encargada y listo!

- ¡Me voy! Me voy a la certificación.

Para mí era todo un reto financiero; yo acababa de dar un salto en mi economía al descubrir que sí podía sostener mi renta, el pago de mi carro, mi comida y todos mis gastos.

La certificación estaba por el orden de los 7 mil dólares; por supuesto que pensé:

- ¿Cómo los voy a pagar?

Pero seguí haciendo mi trámite, pues yo ya había tomado mi decisión.

Llegó el gran día, y me fui con todo y miedo, enfrentándolo una vez más. Yo, la que nunca descansaba, tendría que ausentarme 4 días del trabajo; 4 días en los que no iba a generar ni un $, pero igual dije:

- ¡Me voy!

Al llegar me di cuenta de que podía optar por facilidades de pago; di un depósito y luego mensualmente pagaba las cuotas; me explicaron que el programa duraba más o menos un año, dependiendo de cómo uno lo iba manejando.

Conocí a la facilitadora, quien es escritora, tiene varios libros y es dueña del instituto donde se imparte la certificación; la base está en Miami, pero se ha desplazado a España, México y San Francisco. Me empezó a encantar lo que veía: a través de esas metodologías y de esas prácticas empecé a conocer, a ver que podía ir quitando costritas de mis pensamientos, de mi vida, de mi alma, de mi dolor, porque yo vivía en la victimización total:

-Pobrecita yo…!

-A mí me pasó…!

-A mí me hicieron...!

Teníamos clases en línea dos veces a la semana, y un total de 16 libros que debíamos leer para poder tomar la certificación; empecé a conocer lo que es una distinción, lo que es una declaración, lo que es cambiar el lenguaje.

Simultáneamente, me invitaron a unos talleres sobre el *ser,* y empecé a descubrir que hasta ese momento me había movido en un mundo mecánico, de creencias, en el que nos educan solamente para *hacer* y *tener;* fue muy interesante comprender que quien *eres* no depende de lo que *haces,* ni mucho menos de lo que *tienes.*

En estos talleres y en la certificación tuve que enfrentarme de nuevo al hecho de mi violación, pues a pesar de haberlo tratado una y otra vez con los terapeutas, no encontraba la paz. Esta vez me aplicaron una metodología que me permitió comprender, y fue allí donde por fin comencé a desatar ese nudo, a querer empaparme más de información para comprender qué era lo que pasaba conmigo.

Ni siquiera tuve que contarles lo ocurrido: una de las personas que trabajaba en el equipo pidió un voluntario para explicar un procedimiento; levanté la mano y expresé mis ganas de vivir la metodología. Entonces me indicó:

-Piensa en un evento que te haya marcado la vida; no lo describas, solo tráelo a tu mente.

Cuando ubiqué el hecho en mi mente mi corazón se sobresaltó, pero inmediatamente comencé a sentir un roce en mi frente que me tranquilizó; el procedimiento que me aplicaron era en base al símbolo del *infinito*, el cual se va dibujando con el dedo en tu parte frontal; luego me dieron la explicación:

-Cuando un evento de tu vida se queda grabado en la parte frontal de tu cerebro, es como si lo estuvieses viviendo constantemente en el presente; no pasa al archivo, no lo procesas como memoria.

Entonces descubrí por qué había pasado todos estos años viviendo como si aquel ataque acabara de ocurrir, y por más que lo racionalizaba, de alguna manera seguía estando ahí.

Hay eventos que causan tanto impacto en los seres humanos que luego no pueden recordarlos, porque en lugar de pasar a la memoria, donde se convertirían en recuerdos, quedan encapsulados en esa parte del cerebro y se siguen vivenciando en el presente.

Fue por eso que durante todos esos años yo no podía recordar ese momento; al aplicarme esa metodología, me dijeron que iba a empezar a surtir efecto de inmediato, y en ese instante yo sentí como si algo hubiera escaneado mi cuerpo; pude darme cuenta de que esa sensación que me había torturado por años ya no estaba ahí; se había esfumado, y ahora tenía una sensación diferente.

Empecé a indagar en qué más podía aprender, y me enamoré de la certificación, del coaching; sigo aprendiendo, quiero devorar los libros, quiero aprender, quiero entender.

Precisamente en esa certificación conocí a una mujer maravillosa que me invitó a vivir los Talleres de Transformación. Desde el primer día que llegué empezamos a conectar; el segundo día cuando llegué a la certificación ya tenía mi silla apartada por ella; en la tarde cuando salimos nos quedamos platicando afuera del edificio y me llamó la atención un llavero que ella traía.

- ¿Qué es eso? – le pregunté- ¿De qué es?

-No te puedo decir -me respondió- pero ven... vívelo!

Me dio mucha confianza y comencé a contarle mi historia; ella a su vez me empezó a hablar un poco de lo que hacía, de lo que conocía. Yo no entendía muy bien de qué me hablaba, pero ella me dijo:

-Te invito a vivirlo; vas a aprender mucho.

Terminamos los cuatro días de certificación y nos despedimos, intercambiamos teléfonos, y de repente nos empezamos a comunicar; yo no tenía conocimiento de lo que ella hacía, pero cuando empecé a conocerla descubrí que era coach, que ya estaba preparada.

Cuando platicamos me hablaba mucho del "niño interior"; yo había escuchado algo sobre eso, pero nunca lo había vivido, pues todos esos talleres sucedían en México, y no tenía conocimiento de que los dictaban aquí.

Me insistió en que fuera a vivirlo, que me diera la oportunidad; era en la ciudad de Sacramento y me quedaba muy lejos, pero finalmente le dije:

-Si voy a ir. Mi hija se gradúa el primero de junio; después de esa fecha llámame cuando vayan a hacer el taller, y yo voy.

En mayo me llamó para decirme que en julio habría un taller sobre el "niño interior"

-Anótame –le dije- que ahí estaré.

13. Aquí me quedo

Hoy veo a mis padres como seres humanos,
y me olvido del "deberían"...

Aide Anaya

Mi hija se graduó, y por fin llegó el día en que me tocaba experimentar aquel "niño interior". Llegué a Sacramento, recibí por WhatsApp una carta con los requerimientos, que trae esto, que trae lo otro, que trae una foto... y yo preguntándome:

- ¿Qué es esto?

No entendía realmente que iba a suceder; incluso llegué tarde ese día.

Me llamaron:

-Hola Aide... ¿Sí vas a llegar?

-Me agarró un poco de tráfico, pero ya voy en camino.

-En cuánto tiempo llegas?

-Mi navegador dice que estaré ahí en 20 minutos.

Llegué, no con todas las cosas que me habían pedido, pero si con la mayoría; entramos al salón y empecé a vivenciar todas las experiencias, las dinámicas; fueron pasando las horas, trabajamos diversas cosas, y descubrí otras que yo no sabía.

Yo había venido trabajando con mis terapeutas, certificándome...pero una vez que vives tu "niño interior" el impacto es diferente, más grande, más liberador. Para mí fue como romper muchas cadenas.

El domingo terminamos y yo salí sintiéndome muy ligera; había logrado soltar ese fantasma que me acosó por años, el que me jalaba siempre hacia atrás para que no pudiera avanzar.

Me enamoré de ese proceso, y me dije a mí misma:

-Voy a seguir aquí!

Allí te hacen la invitación a vivir los Entrenamientos de Transformación, y desde el primer día les respondí:

-Estoy comprometida! Me encantó! Voy a vivir los 3 entrenamientos...

Yo no tenía ni idea en lo que me había metido.

A los 15 días llega el primer entrenamiento, y muy nice; sigo trabajando, sigo viéndole mucho valor y resultados a esto, mucho aprendizaje, mucho cambio. Entiendo por qué los llaman Entrenamientos de Transformación; realmente te renuevas como ser humano, pero no sólo físicamente, sino que te transformas desde lo más profundo de tu ser, y eso es algo bien poderoso.

Se deben pasar por mucho en los entrenamientos: trabajas cosas del pasado, cosas del presente, sueltas, te desprendes de una vida llena de historias, de significados, de etiquetas, de patrones de vida, de sistemas... Abandonas todo el conjunto de creencias y mitos que hay en este mundo.

Llego al segundo nivel del entrenamiento y ahí es cuando nuevamente me enfrento de una manera muy diferente al hecho de mi violación: empiezo a conocer algo que no conocía de mí. Yo tenía una lucha interna con mi manera de ser; no me veía ni me sentía femenina, y esa negación era lo que proyectaba.

Comencé a trabajarlo y fue maravilloso empezar a reconocerme como la mujer que siempre he sido; empezar a amar mi cuerpo, a aceptar mi femineidad.

A las personas cercanas con las que he convivido que son mis comadres, en algún momento les había dicho:

-Yo quiero tomar un curso donde me enseñen a ser femenina, donde yo pueda aprender incluso a caminar de forma femenina.

Sin embargo, en los entrenamientos descubrí que no necesitaba ir a ninguna escuela para aprender algo que ya estaba dentro de mí.

A través del entrenamiento y las dinámicas empecé a reconocerme; antes yo caminaba como a la defensiva, como si estuviera cubierta con una armadura muy voluminosa, pero ahora mi cuerpo había empezado a fluir y a volverse más ligero.

Hice todo lo que allí me indicaron y un buen día me vi al espejo y no me reconocía: mi cuerpo y mi rostro se veían diferentes; yo no lo notaba, pero los demás me decían:

- ¿Qué te pasó? Te ves distinta…

En una ocasión, al salir de la ducha me vi de reojo en el espejo; era algo que no me gustaba hacer, pues por años había tenido una joroba en mi espalda, pero en ese momento me estaba dando cuenta de que ya no estaba; me paré frente al espejo viéndome fijamente, y empecé a descubrir que mi transformación no sólo se vivía desde adentro, sino que también se evidenciaba en mi aspecto exterior.

Nunca me gustó tomarme fotos, ni siquiera con la llegada de la tecnología y las redes sociales; no me atrevía a compartir mi imagen ni a enviar audios; no soportaba verme ni escuchar mi voz; ahora, por primera vez en toda mi vida, me gustaba lo que estaba viendo; empecé a tomarme fotografías y a intercambiar mensajes de audios con mis hermanos y mis comadres. Todos me decían:

- ¿A dónde estás yendo?, ¿Qué te están haciendo?, ¿Qué te pasó? No eres tú, te han cambiado!

Mis fotos, mi voz, mi forma de caminar, mi peso… todo evidenciaba que me había despojado por fin de todo el dolor y la amargura que yo cargaba.

Los entrenamientos son algo prolongados; sin embargo, llegamos por fin a la etapa de cierre, donde el entrenador requiere que hagas un cambio total. Ya me había cortado el cabello, me había puesto las uñas, había cambiado mi ropa…

- Y ahora, ¿qué me hago?

Llegó el día de adoptar un cambio radical, y debíamos ir transformados, bien cambiados; le pedí ayuda a Nancy, una compañera que estaba conmigo en el grupo de Transformación, y a través de videollamadas y fotos le dije:

- ¿Cómo ves esta falda?, ¿Qué tal esta blusa?

Llegamos todos muy guapos al encuentro de ese día; mis compañeros estaban muy sorprendidos al verme, incluso hubo alguien que me dijo:

-Creí que lo había visto todo en este mundo...

Ese ha sido uno de los mejores cumplidos que he recibido.

Sigo aprendiendo, sigo enfrentando, sigo cambiando, sigo rompiendo paradigmas.

Finalmente concluí mis entrenamientos, y llegó de nuevo la pregunta:

- ¿Ahora qué?

Me apasionó tanto todo esto que decidí pasarme al otro lado de la moneda como staff; cuando era alumna detestaba a mis entrenadores, pero ahora desde sus zapatos todo se ve muy diferente.

Siendo staff tengo la oportunidad de agradecer mediante el servicio toda la ayuda maravillosa que he recibido; cada vez que un ser humano cruza la puerta al entrenamiento me sigo sorprendiendo una y otra vez; me veo a mi misma reflejada en ellos y no puedo evitar pensar:

- Así llegue yo un día!

Definitivamente, la invitación a formar parte de esto ha sido el mejor regalo que he recibido en mi vida. Cuando inicié este período me enfoqué en mi preparación; me desconecté de todo y de todos; seis meses después volví a salir al mundo y descubrí que me había convertido en el testimonio viviente de mi propia transformación.

Mis seres queridos están felices por mi felicidad, y sé que muchos están tentados a vivir este proceso, pero tal vez aun lo consideran extremo. No los presiono, pero a partir de ahí también elijo seguir trabajando, seguir puliéndome para ser su motivación.

Yo declaro y decreto que estas personas que tanto amo, empezando por mis hijas, van a llegar a Transformación, y al igual que yo, van a encontrar sueños y declaraciones que nunca imaginaron.

Una de las muestras más evidentes de mi recién descubierto poder interior fue el haber tenido el valor de decir:

-Lo que yo hago vale!

Empecé a ajustar los costos de mi trabajo, pero con seguridad, con una postura diferente; descubrí el valor de todo lo que hay dentro de mí, de todo lo que yo puedo crear a partir de mi ser.

Hice una lista de proyectos: seguirme ejercitando en Transformación, terminar mi certificación, pagar una deuda, escribir un libro… eran proyectos grandes, o al menos yo los veía como grandes, pero estaba segura de que podría manejarlos.

Logré saldar la deuda en dos meses, y también obtuve mi certificación.

Llegó el momento en que me iba a evaluar mi entrenadora, y me puso una calificación de 48%, cuando para graduarme requería un 75%.

Llegué a mi casa y dejé mis documentos sobre la mesa; mi hija exclamó:

- ¿48%? Eso es una F!

Y yo:

-Sí mi amor, gracias! ... Yo también te amo!

Al día siguiente empecé a revisar lo que en el programa llamamos "metas," y empecé a leer: que voy a terminar mi certificación, que voy a pagar esta deuda, que voy a hacer un libro, que voy a buscar abogados para tener un estatus legal...

Yo solita me quedé observándome y me dije:

- ¿En qué momento escribí tantas pendejadas?

Así me expresé, porque no me lo creía; es decir, al estar en el entrenamiento tienes como la adrenalina a mil, estás convencido de que sí puedes y tienes el valor, pero ahora era el momento de aterrizar: era hora de llevar a los entrenamientos las evidencias de que sí estaba trabajando para alcanzar mis metas.

Comencé a enfocarme en ultimar todos los detalles que necesitaba para mi certificación; tanto con el tema de los abogados como con el libro se me vino a la mente el novio de mi comadre, que conocía a un escritor, así que la llamé:

-Comadre, apóyame! Quiero contactar al escritor que conoce tu novio.

Finalmente me informó:

-Ya hablé con él; este es su número... Le puedes llamar.

Inmediatamente lo llamo y me dice:

-Nos vemos el jueves.

Mi comadre también me dio el número de unos abogados en Berkeley, muy diligentes, que inmediatamente se pusieron manos a la obra para lograr definir mi estatus legal.

Llegué a la reunión el día jueves con el escritor; llevé notas del proyecto, de lo que yo quería hacer; siempre tuve muy presente que quería hacer un libro, pero hasta el momento lo único que yo tenía era una historia... mi historia.

Sin embargo, desde que entré a Coaching y Transformación ya contaba con algo más: había un "después", porque lo estaba viviendo; pude deshacerme de ese fantasma, pude dejar cadenas, dejar paradigmas y creencias, y sentirme con la fortaleza y la decisión para crear un libro.

Cuando le mostré el material al escritor, él me preguntó:

- ¿Tú tienes experiencia en esto?

-No- le respondí

Entonces se puso muy serio y agregó:

- ¿Sabes? Cuando me hablaron de ti, jamás pensé que me encontraría con una persona como tú; no sólo tienes para escribir un libro, sino para mucho más.

Me sentí muy honrada con sus palabras, pero yo no quería esperar: necesitaba llevar lo más pronto posible este mensaje a todas las personas, así que seguí buscando, seguí tocando puertas, y fue así como llegó a mi vida una persona que me podía guiar para concretar este proyecto en un corto plazo.

Comencé a recordar, a hacer anotaciones, y durante el proceso tuve un quiebre que se convirtió en el eje central de este libro, pues cuando empecé a hablar de mi vida surgió la inquietud por indagar acerca del "abuso infantil", y a medida que hacía mis investigaciones, poco a poco comencé a recordar…

Me topé con la distinción entre lo que es abuso infantil y lo que es una violación, y descubrí que eso fue lo que realmente yo viví a mis 7 años.

Eso me derrumbó; me llevó algunas semanas procesarlo y enfrentarlo, pero hoy lo agradezco, pues al revisar el proyecto pude ir directo a lo que es: no es lo mismo abuso sexual que violación, y ya es hora de llamar a las cosas por su nombre.

Afortunadamente, cuento con apoyo: tengo a mi mentor, y a mis compañeros de Coaching y Transformación; sigo teniendo soporte, pero aún no deja de ser muy duro para mí enfrentar esa verdad; sé que este libro puede parecer sólo una historia, pero sé también que muchos seres humanos se van a identificar con estos hechos, porque a través de las prácticas del coaching han llegado hasta mí innumerables personas, tanto mujeres como hombres, con un relato muy similar.

Mi decisión de escribir este libro, de enfrentarme con todos mis miedos, de enfrentarme a mí misma, de enfrentarme a este fantasma, es para llevar concretamente ese mensaje: no importa si fuiste violado o violada hace veinte o treinta años atrás, o si sucedió el día de hoy; estos abusos van a continuar ocurriendo si no ponemos un alto, si no levantamos la voz.

Ya es el momento de dejar de esconderlo, porque el futuro empieza desde nosotros como padres, con el ejemplo, con la educación, con la confianza, con el amor...

Eso es lo que en este libro quise plasmar: una historia, pero también distinciones; que te permitirán conectar con tus hijos y darte cuenta si algo les está sucediendo; informarlos, educarlos y educarnos nosotros como padres para prevenir esos eventos, o para saber cómo enfrentarlos si lamentablemente ya han sucedido, para liberar a nuestros hijos y a nosotros mismos de la condena a una vida traumática.

He vivido una historia muy dolorosa; le puse mucho peso, estancó mi vida por casi cuarenta años, y sin embargo, hoy le estoy agradecida y me siento feliz. Si este mensaje que estoy plasmando aquí mueve al menos a una persona, apoyándola a dar ese salto, a girar su vida, a vivir en vez de sobrevivir, créanme que esa es la mejor recompensa que puedo recibir.

No me importa tanto contar mi historia, sino ver a quién más puedo apoyar con ella.

¿Cuántas personas que han permanecido cargando estos fantasmas siguen escondidas? ¿Cuántos se han quedado sin voz?

Este libro es para ellos, y me va a encantar saber de esas personas, estar en contacto con ellas, conocer qué piensan, que me compartan sus percepciones.

Vamos a estar en redes! Vamos a intercambiar correos electrónicos!

Porque me interesan en lo más profundo, y me identifico con todos y cada uno de ustedes, tal y como sé que muchos se van a identificar conmigo.

Esto no termina aquí; este es sólo el principio…

II. El Poder de una Declaración

Como muchas personas, inconscientemente yo hice en algún momento de mi vida una declaración, y a través del tiempo sus frutos comenzaron a manifestarse en forma de frustraciones e insatisfacciones.

Comencé a indagar a través de las prácticas del coaching, y lo que descubrí fue devastador: la declaración que marcó mi vida se generó a partir de un evento tan traumático como lo fue mi violación, y se tradujo en tres simples palabras: *no me interesa*.

Esa fue la afirmación que determinó mi relación con la vida y con el mundo a partir de ese instante: *no me interesa* estudiar, *no me interesa* relacionarme con el sexo opuesto, *no me interesa* ser femenina, *no me interesa* vivir...

Desde entonces, mi vida se tornó triste, oscura, vacía… Me llevó casi cuatro décadas discernir por qué me sentí tan vulnerable durante toda mi vida; pasé tanta tristeza, dolor, aislamiento… Todo porque una parte de mi conciencia se aferró a esa declaración.

Para mí, confiar era equivalente a sufrir; para mí, todos los hombres eran malos; para mí, mi forma de relacionarme era siempre: "no me toques".

A través de las metodologías del coaching, mi mentor me llevó a lo más profundo de mi mente para poder descubrir qué era eso que yo venía arrastrando de mi pasado y que me estaba atorando en el presente. Él me apoyó llevándome al pasado en cada etapa de mi vida, hasta llegar a ese momento de quiebre donde pude encontrar eso que estaba encapsulado y lo solté.

Desprenderme de esta declaración fue algo extraordinario, porque pude darle un giro a mi existencia: hoy para mí, confiar es igual a amor, honestidad, humildad, valor, perdón radical, empoderamiento... Gracias a esto, he vuelto a tener una vida funcional.

Mi vida gira en un mundo de posibilidades, porque *yo soy la posibilidad.*

III. Lo que no sabías acerca del abuso sexual infantil

- ✔ "Abuso sexual" es cualquier conducta de índole sexual sin mutuo consentimiento
- ✔ Es 65 veces más frecuente que el cáncer
- ✔ Suele ocurrir generalmente en la misma casa
- ✔ Una de cada 4 niñas es abusada; uno de cada 6 niños es abusado
- ✔ En 6 de cada 10 casos, el agresor es un familiar directo
- ✔ La víctima no habla porque se siente responsable de romper a la familia, y así cae en un círculo interminable de culpa y abusos
- ✔ El abusador es el único responsable
- ✔ No tiene que ver con el nivel económico

- ✔ De víctima pasas a ser sobreviviente, ayudador, vocero
- ✔ El tiempo que tardas en decirlo es proporcional al daño que te causa: si lo confiesas después de 1 año, te recuperas pronto, pero si tardas 30, ese evento va a tomar las riendas de tu vida, causándote culpa y remordimiento
- ✔ Manipulación, sexo oral, juegos secretos; muchos piensan que son normales y que en todas las familias pasa; de allí la importancia de la educación sexual en la escuela y en el hogar
- ✔ Los padres no saben cómo enfrentarlo; pueden fingir desinterés o desconocimiento, y guardarlo como un secreto de familia
- ✔ Las secuelas del abuso sexual no desaparecen, pero las puedes transformar

IV. EJERCICIOS QUE TE PREPARAN PARA PROTEGER A TUS HIJOS

A continuación, te comparto dos ejercicios que han sido muy importantes para mí, pues me han permitido *escuchar* y *ver* más allá de lo que los pequeños logran expresar con el lenguaje verbal y corporal.

1. Expande tu oído

Aprende a ser escucha… Es diferente oír que escuchar: oír es la acción de percibir los sonidos, mientras que escuchar es prestar atención a lo que se oye. Si tú aprendes a escuchar a tus hijos con amor y confianza, reconociendo su amor propio, los apoyas a ser niños y niñas valientes, formando una resiliencia que los ayude a salir a flote en las circunstancias de la vida. No te enfoques en lo que responderás, ya que eso causa un distractor; pon toda tu atención en la historia que te está contando tu hijo o hija, hazle preguntas, muestra interés por lo que te está diciendo, no lo interrumpas… Sentirse escuchado genera confianza.

2. Expande tu mente

Comienza por observar cuando vayas caminando; fíjate en los árboles, en las aves, en las personas que caminan a tu lado… Convierte en un observador; esto ayudará a expandir tu mente y así podrás tener las antenas encendidas y estar alerta ante cualquier cambio que surja en tus hijos.

Made in the USA
Las Vegas, NV
21 September 2024